Andrés Manual de Marketing

DR. GUSTAVO ADOLFO PÉREZ ROJAS

Andrés Manual de Marketing
**10 claves para posicionar tu marca
y arrasar con la competencia**

Dr. Gustavo Adolfo Pérez Rojas
Twitter: @drgustavoadolfo

Edición 2020

Derechos de Autor: 03-2019-071111005101-01

Visita
dlpoder.com

Agradecimientos:

Denise Ganelón (Revisión)

Adriana Martínez (Revisión)

Ignacio González (Portada)

Comentario preliminar

El libro de Gus Pérez es una muestra de reflexión profunda, con ejemplos simples sobre marketing político. Es basto, pero no aburrido y provee de buenas herramientas para aquellos que saben que el único recurso, que no se recupera, es el tiempo y deben prepararse para ganar.

Dario Mendoza
Consultor político
@dariomendoza

Introducción

Aplastante, inédita y sin piedad; así fue la victoria de Andrés Manuel sobre sus rivales en 2018. La razón, supo posicionarse y vender con éxito sus ideas. La teoría principal de este trabajo es demostrar que Andrés Manuel pasó de ser un político a ser una marca exitosa y sumamente poderosa. Prácticamente a todos sus proyectos y ambiciones, les pone una etiqueta de fácil consumo, por ejemplo, su administración se asoció desde antes de tomar protesta como presidente, con el hashtag: #4T.

Al menos 33 millones de mexicanos que se presentaron el 1º de julio del 2018 en masa a votar por él, lo comprueban. Andrés Manuel tiene un gran equipo de marketing, él mismo es un gran creativo, sus seguidores lo defendieron durante la campaña, lo vitorearon en el Zócalo de la CDMX esa misma noche y hasta entrada la madrugada. Y ya sobre la marcha de su gobierno, muchos lo siguen defendiendo a capa y espada, aunque se enfrente a la realidad de administrar un país tan complejo como México.

Otra opción que habíamos considerado para nombrar el subtítulo era: "*Aplasta a tu competencia como AMLO.*" Pero consideré que era muy agresivo y que realmente no expresaba el objetivo del texto: Que sepas cómo usar el marketing, a través de las lecciones de Andrés Manuel, para mejorar tu vida y tu entorno, con el objetivo de lograr el éxito en tu negocio o en tu organización.

Esa es la realidad de lo que sucedió con sus enemigos políticos, fue una humillación, fueron masacrados y prácticamente borrados del mapa; al menos hasta el 2021. La victoria de Andrés Manuel, ha dejado malheridos a sus competidores más cercanos ideológicamente, en específico al PRI y al PRD, pues Morena absorbió a sus nichos de votantes (esto lo detallo más en mi artículo en El Sol de México: 03.02.2019). En palabras de empresa: *"se robó a sus clientes,"* los convenció de que su oferta era "mejor."

¿Cómo convenció a tanta gente? ¿Cómo hizo que lo defendieran a capa y espada? ¿Cómo generó tendencias masivas en medios tradicionales y en redes sociodigitales? ¿Cómo hizo para que salieran a votar por él con tanta convicción, ese domingo 1° de julio? ¿Qué hizo para que, tras su imagen, pudiera solaparse la mala reputación de varios de sus candidatos aliados? La respuesta es: Andrés Manuel, no Morena.

No sabemos, ni nos interesa aquí decir si es un buen administrador público o no. Lo que sí sé es que es un genio del marketing, así como el equipo que lo asesoró en 2018. Y en este libro te desglosamos 10 claves irrefutables de su triunfo. Este no es un libro sobre *tips* ni magia para hacer dinero; de hecho, es un libro bien estudiado, con referencias clásicas y modernas que explican un hecho: La campaña que planteó Andrés Manuel en 2018, estuvo muy bien calculada y mejor ejecutada, en términos de mercadotecnia.

Fue tan buena la campaña que sus artífices recibieron el *Premio Reed Latino* para Campaña Presidencial del 2018: Jesús Ramírez Cuevas y Carlos Salces. Ramírez Cuevas es un redactor de gran capacidad, tanto así que fue quien dirigió el periódico "Regeneración" orientado a dar soporte y cobertura al mensaje de Andrés Manuel. Por su parte, Carlos Salces, es el experto en cámaras, una mente muy creativa, que conoció al candidato ganador desde el 2006. Salces tiene una película bastante conocida que se llamó *"Zurdo"* de 2003, y es el autor de las frases, ahora míticas como: *"ya sabes quién,"* *"...no lo tiene ni Obama"* y *"frijol con gorgojo."*

El crecimiento de Morena, no se trata en sí de un movimiento ciudadanamente elegido, más bien, el personaje eligió a sus prospectos. Es decir, no es que la gente espontáneamente decidiera que iba a apoyar la creación de un nuevo partido, de hecho, la tendencia hasta antes del 2014 señalaba que la sociedad quería "menos partidos." La creación de Morena en

2014, así como la campaña presidencial de 2018, fue fríamente calculada y diseñada. Tan buen concepto y estrategia tenía que, aunque en la ejecución de los debates no fue el mejor, el resultado obtenido rebasó las expectativas que ellos mismos calculaban.

Sin importar las consecuencias políticas, rescato las grandes lecciones que se pueden observar del fenómeno Andrés Manuel 2018. He conversado y concluido con políticos profesionales de oposición, con académicos y mercadólogos expertos, que si Andrés Manuel hubiera creado un partido con el nombre: *"Cualquier cosa,"* probablemente habría ganado de igual manera. Porque Andrés Manuel no procuró la fundación de una organización sofisticada, de hecho es una estructura muy similar a la de su anterior partido el PRD, lo que realmente forjó con la estrategia de marketing fue una marca personal contundente.

Muchas cosas han pasado desde que Andrés Manuel llegó a la presidencia, no todas han sido éxitos. Actualmente el principalmente de esta marca persona, es que como muchos otros productos ofrecen demasiado, tanto que a la hora de usarse, a veces no dan los resultados que se esperaban.

El gran problema que vivió Andrés Manuel, es que no cambió su estrategia comunicativa. No comprendió que el día siguiente a su toma de protesta tenía que posicionarse ya no como el candidato en campaña sino como el jefe de Estado que sus seguidores querían ver. Las elecciones intermedias del 2021, demuestran que por más popular que sea una marca, si no se reinventa, puede caer en el descrédito de su "tribu" de seguidores, en los términos del mercadólogo Seth Godin.

Síguenos en nuestro blog para conocer más sobre marketing
político:

dlpoder.com

1. Madrugar y ser el primero

La primera y gran regla de marketing, así como de cualquier competición, es ocupar el terreno de batalla más favorable con anticipación a los oponentes. Un terreno accesible, que te otorgue una ventaja, con recursos, y sobretodo con tiempo de antelación para prever. Hay que invitar a que el enemigo vaya hacia este terreno y someterlo. Quien elige las condiciones en que se librará la contienda, llevará una gran ventaja al combatir, dice Sun Tzu (2000 [Siglo V a.C. apróx.]: 109).

Para el 30 de enero de 2018 el nivel de conocimiento de Andrés Manuel era de 97.4% (Rubén Aguilar en *El Economista*: 30.01.2018). Es decir, que en cualquier rincón de México, independientemente de la postura ideológica de las personas, prácticamente todos sabían quién era Andrés Manuel. En la misma fecha, ningún otro candidato alcanzaba el 90% de conocimiento; para ser una campaña presidencial esto es clave, ello explica, en gran medida el resultado del día de la votación.

En ciencia política, la variable "conocimiento," a veces tratada como "familiaridad" sigue siendo una de las más importantes. Sigue teniendo grandes resultados de correlación con respecto a la intención del voto. Es decir, a mayor familiaridad se sienta por un candidato, mayor será la posibilidad de votar por esa opción. Dicho de otra manera, el rostro que resulta más reconocible, sí tiene un impacto en la decisión final. Por eso, no es sorpresa que la ausencia de este factor mermara sobremanera a sus competidores principales, Anaya y Meade.

El reconocimiento de la marca, es un factor crucial, pues afecta la decisión de compra (en ese caso de voto) de manera directa. Según Aaker (1994 [1991]), la visibilidad de una marca y el grado en que una persona la reconoce, influye también en su percepción de calidad. Es correcto, entre más reconocida es una marca, muchas personas asumen que "*si es famosa, luego entonces, debe ser buena*," puesto que somos influidos por lo que otros dicen de ella. Esto atañe al cumplimiento de una prueba social: su popularidad le da legitimidad y aprobación (Cialdini, 2007 [1984]).

Es verdad, el día de la elección había mucha gente que no sabía qué decir de los competidores. Desconocía si eran buenas o malas opciones, si eran personas más o menos simpáticas, mucho menos sabían sus historias de vida. Lo que sí conocían era lo que el puntero decía sobre ellos, que eran miembros de "*la mafia del poder*," y por ende, "*corruptos*."

El puntero, Andrés Manuel, jugó con una estrategia simple y sumamente sólida. Si el público no podía reconocer los atributos positivos de sus competidores, era en parte por la asignación de etiquetas que previamente había popularizado el puntero. Recuerda, si tú no moldeas las percepciones de la gente, el otro lo hará (Jones,1987 [1979]: 41). La gente consume etiquetas cuando estas han sido reiterativas, cuando son simples y pegajosas; por eso es importante hacerlo antes de que lo haga la competencia.

En cualquier charla, en tono de conversación casual, el nombre de Andrés Manuel aparecería en los meses previos a la elección de julio del 2018. Para bien o para mal, su marca estaba inmejorablemente posicionada y las etiquetas sobre sus adversarios habían sido adoptadas.

Ese es el objetivo de una buena campaña de marketing: posicionarte mejor que la competencia. Que tu nivel de penetración sea mayor, que la gente hable de ti y mal de tu competencia. Y vaya que le dio resultado a Andrés Manuel, pues los comentaristas, sus oponentes políticos y los votantes en contra, no se dieron cuenta que su propia influencia iba a ser aislada, encajonada y encerrada, por la estrategia comunicativa implementada por el equipo de Andrés Manuel.

La estrategia era muy clara: posicionarlo como el candidato a vencer, el que llevaba la delantera, el puntero, el mejor, el bueno. El mensaje, era arriesgado en el sentido de que no era moderado, ni intentaba ganar la aprobación de los comentaristas ni académicos. Tampoco le hablaba a todo el universo de votantes, *de facto* suprimió su interlocución con las clases medias y acomodadas, a favor de un diálogo directo con las personas con mayores necesidades, que en México representaba la mayoría en 2018.

Posicionamiento es *"lograr que un producto ocupe un lugar claro, distintivo y deseable en relación con los productos de la misma competencia, en las mentes de los consumidores meta"* (Kotler y Armstrong, 2012 [1980]: 49). Para Ries y Trout (1994: 2 a 9), el posicionamiento es el factor clave para comprender por qué una marca parece mejor que otra. El llegar primero a una competencia, te confiere un mejor lugar con respecto a la meta. Los intentos de los competidores por posicionarse en la mente de las personas fue muy tardío, nunca pudieron recuperarse en la carrera.

Quizá la primera lección que nos deja el caso Andrés Manuel, es que él nunca dejó de hacer campaña aun cuando había sido derrotado en dos ocasiones previas (2006 y 2012). Una campaña de marketing, en realidad nunca termina, sino que se adapta y sigue adelante. Más adelante hablaremos de cómo se manejan estratégicamente las derrotas para seguir avanzando hacia tu objetivo comercial.

Sin duda, gran parte del éxito de Andrés Manuel radica en su práctica de "madrugar". Se comenta que la idea de las conferencias mañaneras tuvo la intervención de Roberto Trad, un reconocido asesor de campañas políticas. Esto lo practicó desde el año 2000 cuando asumió la jefatura de gobierno de la Ciudad de México. Y es un principio tan antiguo como la misma comunicación política, pues si eres el primero en poner los temas del día, lo que sucede en automático, es que los medios de comunicación hablarán de ti, pues es la primera información que tienen para compartir.

Este principio comunicativo, se relaciona con la creación de la agenda pública (*agenda setting*). Andrés Manuel, se volvió de 2000 a 2005 en el principal actor político que fijaba la agenda, incluso más que el presidente Fox. En términos de mercadotecnia, es exactamente el mismo principio. Tanto así que es la primera regla "inmutable" según Ries y Trout (1994: 2), la regla del liderazgo. Es la regla que avala el porqué del éxito de *Coca-Cola*, *Microsoft*, o del consorcio que es hoy en día *P&G*, que inició con su jabón *Ivory* a finales del siglo XIX. Crearon un producto, definieron un nicho de consumo y por ende, son los número uno.

Ahora, surge una gran duda: ¿Qué hacer cuando tú no llegaste primero al mercado? ¿Es imposible repuntar? Como señalan Ries y Trout (1994), cuando no puedes llegar a posicionarte como el primero en la carrera, lo que recomiendan a los competidores que llegan tarde, es crearse una nueva categoría. Es decir, cuando el mercado ya ha sido tomado por la marca más grande, los competidores tratarán de generarse otro nicho. Este principio difícilmente puede cumplirse cuando se trata de elecciones políticas, pues la configuración de las democracias actuales hace que el ganador tome todo y los perdedores se vayan a sus casas; por eso es una lucha a morir.

Sin embargo, cuando se plantea este supuesto de manera estratégica y planificada puede dar resultados. Cuando Pepsi entró al mercado de los refrescos, Coca-Cola ya le llevaba un largo tramo; por tanto, lo que hizo fue posicionarse como la opción de la nueva generación (*Generation Next*). Evidentemente, en la elección del 2018 Anaya del PAN, intentó robar audiencia mostrándose como la opción de la innovación por su perfil contrastantemente joven, con respecto a Andrés Manuel.

Las ofertas de Andrés Manuel, no eran innovadoras, ni encontraban sustento teórico, ni se veía un proyecto sólido de fondo. Pero su propuesta era la más clara, sencilla y entendible para todos: *"Esperanza y acabar con la corrupción."* No son los temas más sofisticados, pero hay un detalle: Andrés Manuel comenzó a posicionar sus temas con 18 años de antelación. Mientras que el PRI y el PAN designaron a sus candidatos tardíamente, hasta finales del 2017. Por eso, cuando sus candidatos apenas comenzaban sus campañas, ya habían perdido la elección.

Las campañas de sus competidores no se entendían, necesitaban tiempo para explicar sus productos. Eso ya no tiene que ver con que se les considere *"la mafia del poder"* o no, se ha visto que eso se puede remontar. Lo que no se puede recuperar es el tiempo perdido. Perdieron a lo grande.

Andrés Manuel era la Coca-Cola; una marca bien identificada, la misma de siempre, sin innovaciones estrafalarias, la que consume la abuelita. La apuesta de Anaya, sobre las tecnologías y demás inspiraciones futuristas, así como las explicaciones macroeconómicas de Meade, requerían capacitar con mucho tiempo a su público para hacerles entender sus ofertas. Pero ojo, desde que entraron a la carrera, de lo que carecieron fue de tiempo.

La gente se queda con los clásicos a la hora de tomar decisiones importantes. Esto lo dice ni más ni menos que Roger Stone (2017 y 2018), asesor de Donald Trump en su victoriosa campaña de 2016 en EEUU. Y los "clásicos" no se posicionan en una campaña de seis meses. Esta técnica sólo es reversible si usted apela con más estruendo a la clientela del que lleva la delantera, o si hace reaccionar unánimemente a la otra parte que odia al mejor posicionado. Como lo hizo Felipe Calderón en el 2006 con el poderoso mensaje unísono y orquestado alrededor de *"AMLO, un peligro para México,"* confeccionado por Antonio Solá.

De nuevo, no quiere decir que Morena haya creado un segmento nuevo, ni que haya creado una propuesta realmente disruptiva. Lo que hizo fue posicionarse con mucho tiempo de anticipación sobre los nichos de votantes de al menos dos de sus competidores ideológicamente similares: El PRI y el PRD.

¿Qué fue lo que pasó en la elección del 2018? Como politólogo puedo tratar de dar una explicación cimentada en la creación de un gran clivaje social, entre un sentimiento de venganza *versus* el mantenimiento del *status quo*. Pero quizá sea una teoría inexacta, porque en realidad lo que sucedió tiene una explicación comercial mucho más simple: *"Los clientes satisfechos compran de nuevo y le cuentan a otros individuos sobre sus buenas experiencias. Los clientes insatisfechos con frecuencia se van con los competidores y desacreditan el producto ante los demás,"* esto según Kotler y Armstrong (2012 [1980]: 7). En otras palabras el PRI y el PRD perdieron a sus clientes.

Imagínate que los partidos son marcas comerciales. El PRI, el PRD y el PAN que eran los anteriores proveedores, generaron ciudadanos insatisfechos. Muchos de quienes los apoyaban, efectivamente se fueron con su competencia y hablaron mal de ellos. Posteriormente hablaremos del papel de los evangelizadores de la marca, los que te promocionan por convicción y aprecio.

Kotler y Armstrong (2012 [1980]) advierten que el marketing es una herramienta difícil de utilizar, pues precisamente los clientes insatisfechos se multiplican cuando se generan expectativas falsas del producto o servicio. La gente se siente engañada y traicionada, ellos se convierten en verdaderos *"bullies"* para la marca que ha decepcionado y en evangelizadores de la nueva competencia. En el supermercado, el usuario es fiel a los productos que no le fallan, pero goza probando otras opciones cuando sus marcas favoritas le dejan de motivar o se ven superadas en novedad o calidad.

Así ganó Andrés Manuel, se llevó a los votantes decepcionados. Pero, también así se verá sujeto a estas prescripciones del marketing. Si es difícil encontrar nuevos clientes, es más difícil aún retenerlos. Ese fue el "pecado" de las administraciones del PAN (de 2000 a 2012) y del PRI (de 2012 a 2018). En el caso del PRI es muy evidente, la estrategia comunicativa con la cual obtuvo la presidencia en 2012, se desmembró y esfumó a lo largo de su sexenio. Dos años duró el gobierno "aceptable" de Peña Nieto, cuando comenzaron las pifias, más las frivolidades; y Andrés Manuel lo aprovechó, las fue capitalizando con su crítica ácida y reiterativa.

¿Cómo perdió el PRI a sus seguidores? No todo fue la constante crítica de la oposición en general, ni de los medios de comunicación. Su poder de marca se desgastó a la par de la pérdida de percepción positiva hacia el presidente Peña. Con un matrimonio que apuntaba a la prensa rosa, por su incapacidad para responder en momentos de crisis, por dejarse afectar ante los ataques de sus adversarios. Por perder su contacto con la ciudadanía, por ser un producto de calidad dudosa. Por representar una marca frívola, desde el uso de redes sociales de las hijas de Peña Nieto, hasta el asunto de la "casa blanca."

El discurso e imagen del PRI también se desgastó con los escándalos de corrupción de los gobernadores priistas, el más sonado Javier Duarte de Veracruz; el socavón en Morelos; los Moreira; la visita de Trump a invitación de Videgaray. Todos estos acontecimientos sumaron percepciones negativas en la víspera de las elecciones del 2018. Buenos ingredientes para que el discurso de Andrés Manuel formara una base sólida al señalar una causa concreta del problema percibido: La corrupción de un régimen. Esa fue la narrativa creada por el equipo de campaña de Andrés Manuel y que fue bien interpretada por las pifias de la administración de Peña Nieto.

Las personas se generan preguntas, algunas comienzan a transformarse en tendencias enormes, en preocupaciones sonadas. Si los involucrados no dan respuestas o señales de alivio, la gente se va con la competencia, a donde piensan que están las soluciones (Bernays, 2010 [1923]: 65).

Para los que nos dedicamos a generar comunicación política y que hemos participado en campañas, no nos cabe duda de que el eje estratégico de la campaña del 2018 fue *"el combate a la corrupción"*. Esta incursión fue muy distinta a las del 2006 y 2012, donde Andrés Manuel no guardó disciplina ante su cuarto de guerra (*war room*). En 2018, durante los debates oficiales se pudo observar como el candidato de Morena se replegó y se envolvió en su discurso, casi sin caer en las provocaciones de sus oponentes. Es decir, hubo una estrategia que se siguió minuciosamente, por parte del candidato y de su equipo, desde el 2012 hasta el día de la elección en 2018.

Contrario a lo que se piensa, a la gente le gusta creer en los políticos. Porque los políticos son personas, y a las personas nos gusta generar empatía con otros individuos. Además, según Bernays (2005 [1928]) y Jones (1987 [1979]) las personas tendemos a aceptar la reducción de opciones políticas, comerciales o de identidad por comodidad. ¿Te has puesto a pensar si realmente los candidatos de las últimas elecciones eran los mejores ciudadanos? ¿Los más capaces? Yo creo que coincidirás conmigo en que no es así, tú y yo sabemos que hay gente mucho mejor preparada que podría hacer mejor papel que muchos de los políticos famosos.

Pero a la sociedad, generalizando, no le gusta ver tantos candidatos. Porque eso implica un reto mayor, tener que conocer a todos, tener que indagar sobre sus trayectorias, tener que entender sus propuestas. Eso es un análisis que supera las capacidades, el tiempo y el interés de las personas que no son adictas a la política. El exceso de opciones es aborrecido por el consumidor.

Bernays (2005 [1928]: 38) decía que sería una locura pensar en una docena de candidatos en una elección. Cuando hay demasiadas opciones, padecemos inmovilidad a la hora de elegir. En el supermercado nos pasa exactamente lo mismo, usualmente en nuestro radar sólo existen dos o tres opciones de marcas por cada producto. En el trabajo ocurre algo similar; cuando a una persona se le pone un apodo, es sumamente difícil imaginarlo de otra manera; tendemos siempre a la reducción.

En la recepción de aspirantes a candidaturas independientes en octubre de 2017, el INE recibió 74 solicitudes. En febrero del 2018 sólo habían procedido tres y en la boleta finalmente apareció un solo candidato independiente (Jaime Rodríguez, "el

Bronco"). La dispersión de opciones políticas, es algo que no desean los propios ciudadanos. Bajo ese argumento es que la sociedad, sin saberlo, aprecia a los candidatos y aprecia la propaganda, que para ellos, es bien percibida aunque renieguen de sus costos.

Esto no es distinto a la política norteamericana en 1928, año en que Bernays escribió su libro sobre propaganda; la comunicación ya tenía gran peso a la hora de delimitar las opciones. La propaganda es una herramienta de comunicación, a través de la cual se diseminan ideas a gran escala, para implantar perspectivas y creencias. La propaganda evolucionada en la mercadotécnica, propia de regímenes democráticos, conserva ciertas reglas, entre las que regresamos a un estándar básico: El posicionamiento es clave para ir reduciendo las opciones del mercado en la mente del consumidor.

Hacia finales de febrero del 2018, Andrés Manuel ya sabía que iba a ganar. Lo único que tenía que hacer era "no moverse," equivocarse lo menos posible, el trabajo ya estaba hecho. Aún fallando en sus tres debates, no fue objeto de ridiculización, se escabulló lo justo y necesario. Y eso le bastó para observar desde lejos como "los niños" se peleaban por el segundo lugar.

¿Podía su competencia haber ganado en 2018? Era muy complicado, pero sí, si hubieran tenido una estrategia fuerte, si la hubieran puesto en práctica con suficiente tiempo y si hubiesen podido activar a los votantes en contra y alrededor de una sola opción. Lo que más benefició a Andrés Manuel fue que los dos candidatos opositores, tenían un perfil similar, lo cual dividió su voto y favoreció al puntero.

Anaya, quien quedó en segundo lugar en la carrera presidencial, no pasó de ser *el chico innovador,* su discurso no fue expandiéndose, como sí pasó con Andrés Manuel. Su propuesta se quedó entre un sector de jóvenes y entre los tradicionalmente opositores a Andrés Manuel.

La alianza del PAN con el PRD y el MC mostró graves elementos de indisciplina estratégica, lo cual no ayudó a generarse un nicho nuevo diferenciado de José Antonio Meade. Nunca se entendió qué papel jugaba la izquierda socialdemócrata en la campaña del partido de derecha. Al contrario, las campañas del Frente fueron inconsistentes y no dieron señal de unidad discursiva. El Movimiento Ciudadano resultó bueno para hacer música, misma que nunca hizo referencia al candidato que supuestamente apoyaban para la Presidencia.

Para Meade, el problema era simple: el PRI y la imagen vituperada y denostada del saliente Enrique Peña Nieto, como un presidente diminuto. Sin embargo reiteramos, el peor error que cometieron ambos contrincantes, fue el tiempo perdido en su proceso de selección interna. Meade tenía una desventaja mayor a la de Anaya, porque tenía que remontar desde la última posición, difuminar la mala imagen del PRI, alcanzar a Anaya y después a Andrés Manuel. La operación del Gobierno Federal de Peña de inculpar a Anaya como un pillo, sólo terminó favoreciendo a Morena.

¿De qué me sirve comprender esto si no soy un político? Esto sirve para cualquier negocio u organización. De hecho, tu vida es más fácil, porque la tendencia comercial dicta que el éxito a futuro dependerá del grado de especialización que ofrezcas. Si hablamos de la política real, hay muchos partidos y personajes que han sobrevivido del erario público durante muchas décadas, gracias a que han sabido adaptarse a los cambios, gracias a que se han especializado en nichos que los apoyan sin variaciones. Para ganar, es necesario ser el primero, porque en política se gana con votos, pero para sobrevivir, se requieren nichos, se necesita ser "*el número uno*" para un sector de fieles.

Una marca exitosa y que va a perdurar, va a estar bien posicionada dependiendo del sector y volumen que pretenda alcanzar. Hay marcas generalistas, generalista/especialista y especialistas, según al público al que quieran alcanzar. Por ello, se debe poner mucha atención desde el desarrollo del concepto de la marca.

Un buen nombre para un negocio, es aquel que describe la ventaja competitiva en él, por ejemplo Duracell, nos dice que va a durar. Suena obvio, pero entre más general es la oferta, más simple debe ser su explicación, para que pueda ser entendida. Recuerdas cómo es que Andrés Manuel redujo su propuesta a un simple enunciado: *"acabar con la corrupción"* para todo, es el mismo principio. Cualquier problema entonces, podía ser resuelto bajo la premisa de que la corrupción era el verdadero motivo.

Por el contrario, cuando estamos hablando de que un negocio es especializado, debe ser más preciso con la oferta. Por ejemplo, si usted tiene una pequeña fonda (en México es un restaurante económico que prepara platillos diferentes cada día), difícilmente va a tener éxito fuera de un sector específico y local de comensales. Ahora, si tu fonda se convierte en un restaurante y se llama "La Cocina Mexicana", el cliente ya sabe qué esperar y asume que tiene un menú no aleatorio. Pero qué tal si estás en Monterrey y tu restaurante se llama "El Gourmet de Yucatán". Eso cambia completamente la oferta, porque le estás diciendo al consumidor que no es un restaurante cualquiera, sino que es especialista en comida yucateca y que es de calidad, por la palabra *gourmet*.

Lo mismo va a pasar si llamas a tu restaurante en Madrid: *"El Mexicanito"*, que ya existe y es operado por unos emprendedores originarios del Perú. Les cuento su secreto: Mientras había un montón de restaurantes de todo tipo en el centro de Madrid, ellos fueron el primer restaurante mexicano, se acomodaron justo en la calle que da a la Catedral de la Almudena. Al momento de publicación de este libro ya tienen otras tres sucursales. La clave fue y es, ser el primero, al menos en su nicho. A ellos no les importó que no fueran mexicanos, no hay ninguna ley que les prohibiera tener un restaurante con esa temática, y vaya que tienen éxito.

El mismo ejemplo aplica para cualquier giro, si abres un negocio desde la lógica generalista, debes estar consciente de que la competencia será colosal, pues estos grandes mercados suelen estar dominados por las grandes empresas. Entre más definas el concepto de tu negocio, puedes incrementar las posibilidades de dominar en tu zona o en tu nicho objetivo.

Se relaciona con los detalles que hacen única a su oferta, respecto a otras ofertas ya existentes. No es lo mismo: *"Tienda de mascotas"* que *"Hotel y accesorios para perros de razas grandes."* ¿Si tú tienes un mastín napolitano, a qué tienda irías, a la *"Tienda de mascotas"* o la que se especializa en razas grandes?

Uno de los trucos más importantes para distanciarse de la competencia, y entonces sí, ser el primero, en una rama especial, tiene que ver con la alteración de las variables. Las marcas con éxito comprenden que los segmentos de mercado son tan competitivos, que la alteración en detalles como el empaque, el concepto, el público en el que se especializa, determina el gran cambio en cuanto a cómo son percibidas.

Un ejemplo de ello ha sido Apple, mientras la competencia se peleaba a muerte por vender ordenadores pequeños, ellos optaron por crear un híbrido entre un teléfono móvil y un ordenador de escritorio, se llamó Ipad. Lo mismo hizo FIAT que durante años tuvo varios tropiezos con autos aburridos y de mala calidad que afectaron su reputación. En 2007, FIAT relanzó el clásico modelo 500, con un diseño bonito, apelando a los detalles retro en cromo y a interiores coloridos. Le puso un precio bastante caro al 500 y dejó que su competencia continuara enfocada en autos compactos y baratos.

Más adelante hablaremos de la necesidad de que las marcas diseñen y conserven una estrategia sólida para que generen valor simbólico. Por ahora, vale decir que una forma de alterar tu posición en el mercado, es precisamente **cambiando el valor simbólico del producto**.

Klaric (2017: 136) describe las dificultades que tienen las funerarias para generar ventas de servicios por adelantado. Un servicio funerario es lo último que una persona puede desear comprar, salvo que algún ser querido haya fallecido y lo requiera en el momento. Es difícil de vender por lo que significa. Por tanto, él recomienda cambiar el valor simbólico del servicio, presentando la oferta como *"tranquilidad para la familia,"* *"no meter a los hijos en problemas,"* simbolizando amor y no muerte.

El fracaso de las marcas que han intentado dar un giro a su valor simbólico, se debe a que no han sabido enfocar las alternativas y se han perdido improvisando. Por ejemplo, Pontiac (de General Motors), que era una marca deportiva, de machos y galanes americanos; es el Firebird llamado KITT de la serie "Knight Rider," o "El auto increíble." Pues bien, Pontiac empezó a tener problemas cuando comercializó minivans (Silhouette), coches raros (Aztek) autos que para algunos son afeminados (Solstice), y hasta micro compactos que se llegaron a vender en México (Matiz y Pontiac G2). Esta marca desapareció finalmente en 2010, cuando admitieron que habían perdido la brújula; de la leyenda de KITT, no quedaba nada.

A Andrés Manuel le costó perder dos elecciones presidenciales, para terminar haciéndole caso, hasta el 2018, al Dr. Luis Costa Bonino, que fue uno de sus consultores de campaña en 2012. Antes de su llegada, su campaña no tenía rumbo en 2011, los mejores *spots* publicitarios se generaron con su asesoría; esos comerciales en los que Andrés Manuel decía: *"te ofrezco mi mano franca,"* giraban alrededor de la idea del *"cambio verdadero"* y la *"reconciliación."*

Si Andrés Manuel pudo revertir su mala imagen que desde 2006 le acompañaba tras el "campamento legítimo" que montó en Avenida Reforma, se debe en parte a esta estrategia. Al llamar a la *"reconciliación,"* y contrarrestar el mote de *"un peligro para México"* que le había heredado Felipe Calderón y su estratega Antonio Solá.

A unos meses de culminar la campaña del 2012, Andrés Manuel se deshizo de Costa Bonino, por un escándalo llamado: "el charolazo," en el cual se implicaba al consultor en una reunión con empresarios donde se les pedía dinero para apoyar la campaña. Cuando se cambió la estrategia, la campaña perdió el rumbo, se generaron *spots* que regresaban a fomentar miedo, cuando correspondía proyectar una fase de esperanza hacia el cierre. Apareció entonces el *spot* de *"tienen miedo"* en el que aparecían personajes con las máscaras de Salinas, Fox y Elba Esther Gordillo (quién ahora es aliada de Andrés Manuel).

Entre el 2013 y 2014, se comprendió que la estrategia de marketing político era cosa seria; por tanto, sus asesores fincaron con antelación la discursiva para la elección de 2018. El candidato se preparó y se puso a recorrer las plazas públicas, mucho antes del inicio formal y creó una estructura sólida de apoyo. Comprendió que tenía que cambiar el valor simbólico de su marca, en los nichos que lo veían con desconfianza. Y una vez que se definió, la estrategia fue sólida, no se alteró y le dio la victoria porque fue congruente y porque fue el primero en salir. Peña Nieto lo había hecho y ganó en 2012, Andrés Manuel lo hizo y ganó en 2018.

¿Por qué ganó Calderón cuando iba en segundo lugar a pocos meses de culminar la campaña en 2006? Porque cambió el valor simbólico, no de su oferta sino de su contrincante. Ya veremos que el miedo vende bien; entonces pudo hacer que, en ese momento, Andrés Manuel dejara de ser el candidato de la esperanza y se convirtiera en un candidato peligroso. Así, Calderón se posicionó primero, justo antes de cerrar la elección, recordemos que ganó con el 0.56%. En mercadotecnia la perspectiva es realidad, por eso muchos defienden la idea de que hubo fraude.

El cambio en su valor simbólico se centra en que, sin abandonar su bandera de lucha sobre el combate a la pobreza, su equipo de campaña descubrió que iba a ser más rentable si la oferta se enfocaba en vender la idea de un cambio de régimen y no de un cambio en el sistema económico. En el texto de Mejía (2018: 21) se observa como la propuesta única de venta en el 2018 ya no es centrar su discurso alrededor de la desigualdad, sino en el del combate a la corrupción.

Esto ayudó enormemente porque el cambio en el sistema económico podía haber encendido las alarmas en todo el sector empresarial, como sucedió en 2006, pero el combate a la corrupción es un *issue valence*, es decir, un tema en el que todos pueden estar de acuerdo. Los analistas políticos señalaron la falta de evidencia en materia económica por parte del Proyecto Alternativo de Nación de Morena, pero este fue un tema que ya no afectó la perspectiva de las personas que apoyaron a Andrés Manuel, porque el eje de campaña estaba anclado en el tema de la corrupción.

2. No rendirse jamás

Cierto, esta frase es propia de un libro de autoayuda: *"No te rindas jamás,"* sin embargo, es una de las lecciones más importantes que la gente de éxito tiene clara. Una de las frases favoritas de Donald Trump es: *"You'll never, ever, quit,"* o en castellano, "nunca, jamás te rindas". Roger Stone (2018: 19) confiesa que esa frase se la robó Trump a Richard Nixon, quien a su vez la tomó prestada de Sir Winston Churchill (1946) en su declamación contra los nazis: *"Never give in, never, never; in nothing, great or small."*

"No tengo la historia correcta, y si no tengo la historia correcta, no tengo la motivación," Joan Rowling, probablemente a finales de los años ochenta. Rowling, es la escritora de Harry Potter. Comenzó a redactar los primeros esbozos de su novela en 1990, mientras viajaba en un tren que tenía retraso de cuatro horas. Toda su vida quiso ser escritora y tenía fragmentos de diferentes ideas, pero no fue hasta ese momento, en el tren, cuando pudo ver en su mente al personaje, al niño que se preparaba para ir al colegio. Y al llegar a su casa se puso a escribir.

Todos ahora conocemos el éxito del pequeño mago Harry y de Rowling. Nos inspiró tanto que nuestra portada es un homenaje. Se calcula que la marca Harry Potter costaba en 2017: 15,000 millones de dólares (*El Cronista*: 20.02.2017). Para entender el éxito de esta marca hay que comprender lo que estuvo detrás, pues no es un caso fortuito.

Rowling siempre quiso ser escritora. Intentó estudiar en Oxford y no lo logró. Finalmente, fue admitida en la Universidad de Exeter. Al terminar no consiguió un trabajo que la hiciera sentir feliz, así que se mudó a probar suerte como maestra de inglés en Portugal. Se casó y tuvo una hija, pero tras sufrir abusos por parte del marido portugués, se separó de él y regresó al Reino Unido, a Edimburgo. Esta ciudad británica, famosa por su sangrienta historia, mantiene en pie un hermoso castillo que domina desde un monte la ciudad. En parte, de ahí proviene la idea de ambientación en la historieta de Harry.

Así, tras siete años de la visión de Harry en el tren, Rowling, aún con el dolor por el fallecimiento de su madre, ya divorciada, con una hija y viviendo de la ayuda estatal, pudo al fin publicar: "*Harry Potter y la piedra filosofal.*" Su libro se hizo público cuando recién acababa de conseguir un empleo como profesora, pues le urgía generar dinero suficiente para pagar el alquiler del apartamento y alimentar a su hija. Le tomó siete años perfeccionar su novela, sobrevivir de lo que fuera, convencer a un agente y publicar con la editorial británica *Bloomsbury*.

Para que la posibilidad de rendición se minimice, tienes que enganchar tus valores más profundos a esta convicción de salir adelante. Desconozco cuáles sean los valores de Andrés Manuel, aquellos que lo hayan sacado de la depresión en cada derrota. Lo que sí parece ser congruente con la historia de vida del político tabasqueño, es que al menos dos momentos tocaron su vida. El primero, el asesinato accidental de su hermano cuando era niño; el segundo, su estancia con las comunidades indígenas chontales de Tabasco, cuando fue el titular del Instituto Nacional Indigenista en Tabasco, por invitación de Carlos Pellicer.

Lo primero, es algo que siempre termina perturbando a cualquier implicado. Dice Harold Lasswell en su tratado sobre psicopatía política, que a estas personas, les llega la necesidad subconsciente por buscar la redención (1963). De ahí emanan estas ideas obsesivas por la búsqueda de significados y de encomiendas especiales del destino. En este sentido, es algo que también le sucedió a Carlos Salinas de Gortari, quien de niño asesinó a una de las trabajadoras domésticas de la familia por accidente. Lo segundo, es un profundo dolor por la realidad miserable que observó entre los chontales tabasqueños. Estas imágenes perturbadoras terminan por definir el carácter férreo y obstinado de Andrés Manuel, sus energías para trascender y tratar de ser el significado de un cambio.

Tu carácter y tu forma de ser dependen siempre de tu historia de vida. En tu interior podrás encontrar cuáles son los valores que te rigen, aquellas cosas mínimas con las que invariablemente deseas que tu vida sea dirigida. Si no lo has hecho, genera tu lista de valores, imprímela y pégala en algún lugar donde siempre la puedas ver. Lo mismo debes hacer con tu negocio, los valores deben estar a la vista de todo mundo, pues se convierten en la mística y la forma en que esperas que todos se conduzcan cuando estén ahí. Es importante que tengas los valores siempre presentes porque te van a recordar la razón por la cual decidiste iniciar el proyecto. Esos valores te darán dirección cada que quieras rendirte.

Te recomiendo además, que tu lista no exceda los 15 valores, porque no los memorizarás, basta con que encuentres de tres a cinco valores significativos para ti y lo mismo en el caso del negocio. Así, cada vez que te encuentres en una situación complicada, mira con detenimiento esos valores y pregúntate si estás siendo congruente con lo que te has planteado. En mi empresa, los valores son "lealtad, innovación y excelencia," y mis valores personales son "perseverancia, franqueza y humildad" ¿Cuáles son tus tres valores inspiracionales?

1_____
2_____
3_____

Ahora, cada vez que las cosas no te salgan, que te sientas como Andrés Manuel tras sus múltiples fracasos y/o derrotas, como las del 2006 y del 2012, puedes recapitular sobre lo que has caminado. Observa tus valores, piensa qué has hecho bien y qué has hecho mal. ¿Es necesario replantear algún valor y sustituirlo por otro? El verdadero liderazgo, dice Heifetz (1994), es aquél que puede recomponer el camino, que puede hacer que las personas reflexionen si lo que han hecho ha sido suficiente o no. Un líder tiene la capacidad de ser autocrítico, puede cuestionar sus propios valores, si estos no están dando resultados.

El esquema de valores debe estar perfectamente claro, pues será necesario cada vez que te enfrentes al fracaso. Cierto, suena como un cliché decir que la fortaleza interna se proyecta eventualmente en lo que hacemos día con día. Pero es verdad; no se trata simplemente de hacerte ver que mientras más claro tengas tu esquema de valores tendrás más éxito, sino que realmente los valores de tu empresa son lo que da dirección a las personas que colaboran en la organización, así sea la más pequeña y con sólo dos o tres empleados. Una de las ideas que más subraya Catmull (2016 [2014]) al hablar del éxito de Pixar, está en la cultura organizacional que se creó alrededor de enaltecer los valores de la creatividad y de la libertad para generar nuevos retos.

Seamos realistas, ofrecer algún servicio o vender algún producto es un gran reto, sobre todo al principio. Necesitarás apoyarte todo el tiempo en tus valores para soportar la frustración. El marketing no es el mundo ideal, en que gana el mejor producto, o el que gasta más en publicidad, tampoco es un juego de amigos donde todos compiten armoniosa y justamente.

A decir verdad, las personas están acostumbradas a ser bombardeadas con miles de anuncios durante un día normal. Cotidianamente pueden recibir hasta tres llamadas de diferentes empresas con la intención de venderte algo. Ante ello, es natural estar a la defensiva, alerta para no caer engatusados ante un "vendedor malvado."

A su vez, hemos generado defensas para no poner atención. Si soy mujer, bloqueo los comerciales que anuncian el próximo clásico de fútbol. Si soy hombre, paso de largo casi cualquier comercial relacionado con la limpieza del hogar. En internet, es mucho más obvio, pues la tecnología sólo te muestra aquello que posiblemente te pueda interesar, esto ocurre con la segmentación en las redes sociodigitales y los algoritmos selectivos. Por eso, hemos desarrollado un traje anti-ventas cada vez más difícil de superar.

Esta realidad genera que los que vendemos productos, servicios y hasta candidatos, tengamos que enfrentarnos con esa armadura que trae puesta el cliente/votante. Tenemos que acostumbrarnos a ser rechazados todo el tiempo, a ser insistentes con lo que sí funciona y aprender rápido de lo que no da frutos. Nos obliga a estar preparados para desechar ideas, que aunque nos hagan mucha ilusión, no son atractivas para otros; o bien para tratar de adaptarnos al gusto de nuestro nicho de mercado, antes de claudicar.

Es importante comprender que el cliente ha sido engañado anteriormente, ha sido timado a lo largo de su vida. Por eso tiene un verdadero recelo a los productos nuevos o que no tienen un aval llamado "fama". Un producto o servicio nuevo sufrirá por posicionarse, incluso frente a un producto de mediana calidad que ya lleva años en el mercado. Por eso, el posicionamiento es la pieza clave de cualquier estrategia de marketing. Tú puedes tener el mejor producto, manejar el servicio de mejor calidad, pero si tú no estás en el canal donde están tus clientes potenciales, entonces no existes para ellos.

Qué gran dilema, no nos gusta que nos vendan, en cambio nos encanta comprar (Herrera, 2016 [2004]: 41-43). Hombres y mujeres sentimos un gran alivio cuando adquirimos algo, es inigualable la sensación de estrenar, es deliciosa la experiencia de consumir en un restaurante donde la comida es buena. Es tan gratificante salir de una agencia de autos conduciendo el coche que huele a nuevo. A todos nos gusta comprar. La gente que votó por Andrés Manuel, estaba feliz el 1° de julio del 2018 en el Zócalo, a pesar de la lluvia.

La diferencia es que los vendedores estamos acostumbrados a seguir el instinto que nos dice: "véndele a éste," "convéncelo," "éste sí te compra." Pero pocas veces, nos preocupamos por saber realmente qué es lo que le interesa al usuario. El cliente no quiere que "tú" lo convenzas, quiere que le ayudes a autoconvencerse; porque él quiere ser quien decida al final, quiere ejercer su poder de compra. **Él quiere ganar, no que tú ganes**. Quiere guardar en su mente que tomó una buena decisión, que es inteligente con esa compra y no pensar que te estás llevando su dinero.

El fracaso en materia de emprendimiento, se puede ver de dos formas: La primera, cuando se observan las derrotas, cuando se padece el fracaso y se sufre. Se pone excesivo énfasis en los hitos, es decir en las caídas o los éxitos (incluído los lujos y juguetes que nos compramos) y de nuevo, fracasos. Cuando domina esta perspectiva, las personas están esperando que las ganancias del negocio se den de forma recta como líneas en ascenso en un plano cartesiano. Este es el escenario un emprendedor frustrado, porque las cosas no se dan exactamente como planeó y culpará a otros, al destino o la suerte de sus fracasos. Por tanto, es probable que cambie de negocio todo el tiempo.

La segunda forma, es ver el negocio como un proceso holista. Es decir, tomar los fracasos y éxitos como parte de un todo. Esta es la perspectiva del deportista de alto rendimiento, que para ser bueno y mantener la constancia, tuvo que practicar horas, hacer sacrificios y soportar derrotas y humillaciones. Bajo esta óptica, las ganancias tienen variaciones, rachas buenas y malas, si bien hay una tendencia ascendente, el emprendedor avanza progresivamente sin esperar que exista una línea perfectamente trazada. Se trata de un emprendedor constante y exitoso, porque sabe que no debe rendirse cada que se le presentan problemas. Esta persona no esconde sus fracasos, aprende de ellos.

Las empresas pequeñas, a pesar de contratar consultores y pagar mucho dinero en *marketing online* y tradicional, siempre suelen fallar al principio. Esto sucede constantemente al crear la primera o primeras campañas de mercadotecnia, invierten recursos de manera errónea. La razón, es que están comenzando por el final. Actualmente a los empresarios les parece lógico que gastando dinero en las redes sociales conseguirán clientes. Buena suerte.

En realidad, el primer paso es acostumbrarse a sufrir. Casi es un requisito para los políticos haber perdido antes de ganar; porque, de hecho, es al fragor de la presión que los políticos aprenden. A la gente le encanta venerar los momentos, pero no le gusta ejecutar los procesos de formación y desarrollo del negocio (véase DeMarco, 2018 [2010]). Todo mundo idolatra los iconos del éxito: un buen coche, una linda joya, tener a la novia o esposo trofeo y hasta gritar: "¡Ya ganamos!". Pero a nadie le gusta experimentar el proceso detrás de estos actos de derroche y júbilo. Un candidato o un empresario que tiene miedo a fracasar, es tan solo un niño (Stone, 2018: 133).

Las grandes marcas, como lo fue Andrés Manuel en el 2018, saben mejor que nadie, que prácticamente es un requisito haber fracasado varias veces antes de cantar victoria. Nadie más que él, sabe lo que implica construir una marca, perder por un insignificante margen, recaer por los suelos y levantarse, retomar su marca, lustrarla y volver a lucirla con orgullo.

"López Obrador es el hombre que quiere actuar pero que no lo dejan. Es el hombre de los obstáculos y por eso su triunfo es el de la esperanza trágica" (Mejía, 2018: 19). Recuerde bien: *"La carrera de hoy, es de fondo, no de velocidad"* (Herrera, 2016 [2004]: 79). Esta es una gran verdad del mundo actual. Puede sonar paradójico, pues la inmediatez que ha traído consigo el uso de internet nos haría pensar que los resultados de cualquier proyecto tienen que darse en un periodo muy breve de tiempo. Pero esto es un error que ha llevado a la desesperación y eventual frustración de millones de emprendedores alrededor del mundo.

Cualquier proyecto de posicionamiento de marca, conserva el mismo ciclo de vida, que como el consultor Alan Weiss señala, comienza desde cero, cuando nadie sabe qué es o para qué sirve el producto. Es cuando se presentan los mayores esfuerzos, las noches sin dormir, el trabajo sucio y pesado. Conforme la marca se va posicionando, con esfuerzo, paciencia y trabajo constante, llega un punto donde la gente comienza a reconocer el símbolo y comienza a cuestionarse de qué se trata. Ahí comienza lo interesante, pues vienen las primeras ventas y las primeras afrentas ante el cliente, a causa de posibles errores. Conforme se presenta el trabajo de adaptación, la marca va despegando y es cuando la exposición se da con menos esfuerzo y la gente ya está esperando un cierto estándar.

En el libro de Greene y Elffers, *Las 48 leyes del poder* (2010 [1998]), se hace referencia al poder que tiene la "capitulación" (Ley 22) como un arma para recuperarse y no exponerse a la humillación tras haber perdido una contienda. Dar vuelta a la página de inmediato y seguir adelante. Claramente Andrés Manuel transgredió esta regla en el 2006, una vez que fue derrotado por Felipe Calderón, inició su movimiento de protesta y cerró la Avenida Reforma. Ante ello, sus bonos políticos bajaron como nunca antes, peor aún cuando se autoproclamó como "Presidente Legítimo" en ese momento, pocos le siguieron el juego. Pero en el 2012, no fue así, tras la derrota decidió dar vuelta a la página y enfocarse de inmediato en la contienda del 2018, capituló y recapituló su campaña permanente.

La construcción de un nombre en un nicho de competición tan peleado, es un proceso que suele ser largo y sinuoso. De hecho, la reinterpretación del expresidente de los EEUU, Richard Nixon, decía: *"Un hombre no está derrotado cuando está vencido, sino cuando se ha rendido."*

La mayoría de emprendimientos mueren en los primeros cinco años, porque iniciaron un trayecto que no estaban dispuestos a disfrutar mientras sufrían. Al final, hay que padecer la vergüenza de sufrir en la primera derrota, para la segunda y la tercera ya serás un sinvergüenza y a la gente le importará poco juzgarte; comenzarán a admirar tu terquedad, porque tu obsesión se interpretará como "tenacidad y voluntad."

Los pequeños negocios suelen fallar en muchos ámbitos al principio, de hecho durante esos primeros cinco años, se debe tener un plan para poder resistir financieramente sin obtener ganancias. Este es el periodo que se conoce como "prueba y error." Si eres empleado y estás considerando "hacer un negocio," te sonará extraño lo que te voy a decir, no lo hagas. Al menos, no lo hagas hasta que tengas suficiente dinero ahorrado como para poder perderlo durante este proceso de ensayo y estoy hablando de que tengas recursos para sobrevivir sin percibir dinero, por lo menos dos años. Si renuncias y te avientas al ruedo sin ninguna protección financiera, puedes ponerte en un gran riesgo.

Andrés Manuel no saltó a buscar su sueño presidencial hasta que fue escalando de a poco, juntando sus ahorros. Los cargos más importantes que tuvo fueron el de presidente del PRD, luego como Jefe de Gobierno de la CDMX y posteriormente hizo su propio partido Morena. En otras palabras, fue buscando la forma de autofinanciar su proyecto personal. Si estás intentando posicionar tu marca, recuerda que a Andrés Manuel le costó al menos 22 años volverse la marca ganadora para ser el presidente en México. Esto, si consideramos que en 1996 ganó la elección interna para dirigir al PRD, el primer cargo importante en su carrera política.

¿Cuál es la fórmula mágica? No pasarse la vida planeando, sino ejecutando, recomponiendo sobre el camino. No sufras de inmovilidad por exceso de planeación, ejecuta, pon en práctica lo que tienes en mente, equivócate, aprende y sigue adelante. De todas maneras te vas a equivocar, de todas formas tus planes nunca se realizarán a la perfección, incluye fallar en tu plan, así no te rendirás.

Ed Catmull, director de *Pixar* (creadores de *Toy Story*) nos confiesa en su libro *Creatividad, SA* (2016 [2014]: 12) que el secreto de su éxito, está en **aceptar que siempre va a haber problemas en la compañía**. Partiendo de esto, cada trabajador hace su mayor esfuerzo por solucionarlos. Y no sólo eso, en *Pixar* las personas son incentivadas para encontrar problemas, porque es un negocio que depende absolutamente de la atención en los detalles, incluso los más sutiles.

Esta postura, concuerda con el gran descubrimiento de Amabile y Kramer (2011), donde se constata que a los trabajadores les encanta colaborar en la solución de nuevos retos. De hecho, no hay nada peor que un trabajo monótono o un sitio donde te castiguen por detectar o reconocer errores. El gran ex CEO de *Aluminium Corporation of America*, Paul O'Neill, castigaba a quienes no reportaban las fallas, aunque esto fuera en la sucursal de Brasil o México (Duhigg, 2010: 97-126). ¿Por qué en Latinoamérica estamos acostumbrados a ver los problemas como fracasos?

Cuando se quiere posicionar un negocio, se piensa en diseñar publicidad agresiva para generar ventas inmediatas, pero pocas veces se emplea una estrategia para posicionar una marca. Son cosas distintas. Aaker (1994 [1991]: 8-14) señala que uno de los grandes problemas que tiene cualquier negocio es el gasto en publicidad sin planeación. Otras acciones desesperadas son las promociones consistentes en hacer descuentos dramáticos o regalar cupones sistemáticamente.

La construcción de una marca comprende una visión distinta. Hacer marketing para posicionar una marca, no es lo mismo que hacer publicidad *sin ton ni son*. Las empresas de producción masiva como Procter & Gamble, se han dado cuenta de que la introducción de una marca es un proceso complejo. La inversión que hacen en marketing para colocar una marca, puede traer ganancias hasta después de una década.

Empresas como *P&G* o *Unilever*, por lo general no se equivocan, primero hacen un estudio del o los segmentos que no están siendo alcanzados por sus actuales productos. Después, generan los prototipos y las pruebas entre sus posibles compradores. Una vez que detectan un producto posiblemente exitoso, comienzan con el peregrinar que implica el posicionamiento de esta nueva marca. **Toda la inversión inicial en marketing, no es para vender, sino para inyectarle valor a la marca**. Una vez que la marca es reconocida y aceptada, comienza la ganancia y siempre terminan siendo productos ganadores.

El ingrediente es, según Aaker tener **paciencia y visión** (1994 [1991]: 7). Cuando se tiene inversionistas, es sumamente difícil hacerles entender por qué no todo el gasto puede irse en la producción. La publicidad juega un rol importante si va de la mano de una estrategia a largo plazo, ya que es la única forma en que la marca será visible.

Existe gran variedad de negocios que llevan en el mercado muchos años, y aún así no quieren dar el paso de posicionarse como marca. Entonces, pueden estar en el radar de mucha gente, puede ser un servicio o producto bueno, pero ante los ojos del cliente son y serán una marca mediocre, porque lo que proyectan no está aportando valor a su identidad.

Antes de comenzar a desarrollar tu estrategia o dedicar tu esfuerzo a replantearla, debes comprender que será un proceso duro. Como en todo lo que vale la pena en la vida, comenzarás por sentirte como un fracasado y perdedor, pues nadie posiciona su marca en un día.

En la fase de experimentación, no te hagas de grandes enemigos, trata de ir haciendo pruebas a pequeña escala. Comienza por comparar tus números e imagen con la competencia que más se asemeje a ti o a tu negocio. Ve escalando, poco a poco, observa lo bueno o malo que hacen los otros.

Una de las aportaciones que pocos comentan sobre *El Príncipe de Maquiavelo*, es que nos advierte la necesidad de estar preparados para la mala suerte. Dama caprichosa es la fortuna, de la cual, según Maquiavelo depende prácticamente el 50% de las cosas que nos sucederán. De tal forma que, lo único que tenemos en nuestras manos es el control del otro 50%, eso es lo que está en nuestro alcance; sería irresponsable pensar que todo saldrá bien y no aprovechar ese 50% que sí está en tus manos.

Dice Victoria Nadal (2017), que la resiliencia es la capacidad de enfrentarse a los problemas y no sólo solucionarlos, sino salir fortalecidos de ellos. Esto aplica tanto para una organización, como para la persona en su vida privada. Y podemos hablar de que una marca puede llegar a ser resiliente, cuando saben reaccionar a tiempo y consiguen reponerse rápidamente de las crisis.

Como se insistirá, una de las variables que distingue a una simple organización de una institución, es la adaptación (Huntington, 2015 [1968]). Esto aplica para la marca. Una persona u organización, es una marca, aunque no lo asuman o no lo sepan. Andrés Manuel sabe que es una marca, igual que *Sony, Starbucks, o Honda*.

Todas las marcas enfrentan crisis, a veces internas y otras externas. Pero tener "aguante" no es sinónimo de ser resiliente. Poder resistir, es lo mismo que poder soportar una circunstancia; que con el aumento del peso o la presión, va a terminar por ceder y caer. Por el contrario, la resiliencia tiene un límite, implica poder gestionar la carga, balancearla y obtener experiencia para ir desahogando ese peso.

Así entendida la resiliencia, nos damos cuenta que no implica la resolución inmediata de los problemas, sino un proceso continuo de aprendizaje. Esta es la misma teoría que nos explica Peter Senge en *La quinta disciplina*. Por eso, la rigidez o la fortaleza para soportar, no genera resiliencia, sino frustración. Para desarrollar la resiliencia, se debe aceptar que las personas no son máquinas y que necesitan tiempo para regenerarse, para replantearse objetivos y para procesar el conocimiento adquirido.

Esto aplica para la persona y para toda la empresa. Pues si durante una crisis, no se toma el tiempo para obtener *feedback*, se está perdiendo una oportunidad para aprender del error. Ya mencionábamos el caso que nos expone Charles Duhigg, respecto de ALCOA y su director Paul O'Neill, quien tras un periodo oscuro para esta empresa acerera estadounidense, se dio cuenta que los empleados simplemente no compartían su conocimiento porque tenían temor a la equivocación, a la reprimenda, a la dureza de la compañía. Ese error conductual costó muchas vidas, pues los hallazgos en cuanto a fallas de seguridad no eran expresadas entre el trabajador operativo y la gerencia.

Fue hasta que O'Neill reprendió a los gerentes de las plantas para que compartieran la información entre las diferentes sucursales, que se pudo desarrollar un sistema que disminuyera a cero los accidentes. El cambio cultural logrado, no sólo sirvió para generar más seguridad, sino para mejorar la comunicación entre los empleados y la gerencia. La obsesión por disminuir los accidentes, colateralmente propició una cultura de aprendizaje continuo, lo cual hizo de ALCOA una empresa resiliente, que podía regenerarse internamente ante nuevos peligros, amenazas y la dura competencia que surgió con la oferta rusa y china.

Andrés Manuel y su círculo de políticos más fieles, aprendieron caro de las derrotas del 2006 y 2012. Tuvieron que volverse resilientes en su forma de operar. Por ejemplo, aprendieron que no podrían subestimar la influencia de las redes sociales, como sí lo hicieron en el 2012. Comprendieron que debían crear una campaña monotemática para ampliar el discurso y mantener un estilo congruente desde el inicio hasta el final de la elección.

A pesar de los ataques, aprendieron mucho de la campaña de 2006. En dicha contienda, se dejaron arrastrar por la campaña de ataque en su contra orquestada por el PAN y sus aliados. En 2018, la marca Andrés Manuel, ya era resiliente y estaba mejor preparada para adaptarse en la exhaustiva campaña; los fracasos los volvieron resilientes.

Al inicio, tu número de ventas será muy pequeño. Al igual que a un candidato le sucede, sus primeras incursiones suelen ser desastrosas. Muchos políticos jóvenes tiran la toalla tras su primer fracaso, al igual que los emprendedores. En lugar de frustrarte, debes preguntarte qué es lo que estás haciendo mal, para que la gente decida consumirte o votarte.

¿Por qué la gente no te compra? Según Helios Herrera (Herrera, 2016 [2004]), tras de muchas excusas siempre se encuentran las mismas cuatro causas de rechazo: 1) No interés, 2) No prisa, 3) No necesidad y 4) No confianza. Cuando escuches que el prospecto dice: *"tengo que preguntarle a mi mujer,"* no le creas, siempre hay de fondo una de estas cuatro razones. Es un gambito típico de negociación intermedia, se le conoce como "*apelar a la autoridad superior*" para evitar comprometerse (Dawson, 2001 [1999]: 30 a 35).

No interés benigno. Ocurre cuando alguien te dice que no le interesa tu oferta, pero te sigue escuchando, tras varias demostraciones y explicaciones el cliente potencial sigue ahí. Esto quiere decir que no entiende la oferta, pero hay algo que le llama la atención. Las personas no van a admitir que no comprenden, porque los haría sentir tontos. Tienes que hacer preguntas simples para verificar dónde está la parte que no entendió, de manera sutil, como lo haría un médico: ¿le duele aquí? ¿si presiono acá, aumenta o disminuye?, hasta localizar sus dudas y despejarlas.

No interés maligno. Se presenta cuando el comprador lleva varias visitas o se reúne contigo varias veces pero no concreta la compra. Quiere decir que se le dio un enfoque equivocado a la oferta o que no era el producto que más le convenía más. Antes de abortar el intento de venta, debes ser humilde y preguntar más datos sobre sus necesidades, para saber si en el futuro le puedes servir. Quizá ahí descubras que tienes un producto que se ajusta más a lo que está buscando, ahora te lo dirá ahora con honestidad, pues como ya le dijiste que será "*en el futuro*," entonces ya no sentirá miedo de que le vendas. Deja pasar un par de días y le dices que encontraste justo lo que necesitaba. Esto funciona incluso cuando se vende por mensajes de texto o *e-mail*.

No prisa. El comprador posterga la adquisición, esto sucede porque está ocupado con asuntos privados o porque has presionado mucho y el cliente empieza a sentirse acosado. Si el cliente está esperando un pago para concretar, se le debe dar la opción de llevarse el producto con un enganche. El cliente no quiere que lo presiones, por eso Herrera (2016 [2004]) dice que sólo puedes hacer dos cosas: 1) Ofrecerle un beneficio extra, un descuento o un regalito, por concretar la compra de inmediato, o 2) dar seguimiento pero con paciencia, pero sin ofrecerle el descuento o regalo, porque lo vas a malacostumbrar. Si el cliente detecta tu ansiedad u hostigamiento, puede incluso castigarte comprando el producto con otro vendedor.

No necesidad. El vendedor tiene la obligación de corroborar si nuestra oferta no es algo que necesita el cliente. Un mal vendedor, tratará de manipular al prospecto para enjaretarle el producto; pero, es una mala práctica porque el usuario se sentirá molesto de que lo hayas forzado a comprar. Será un comprador, pero no será tu cliente, incluso puede que hable mal de tu marca. La probabilidad de que se consigas una venta es muy reducida, por eso más vale utilizar la ocasión para obtener datos haciendo de la venta una charla más casual, en la que trates de entender qué es lo que realmente está buscando. Sin presión, es más factible que el cliente regrese después o incluso que te recomiende modificaciones o diferentes nichos sobre tu producto. Puedes perder una venta pero puedes ganar un cliente, por paradójico que suene.

El mejor consejo que da Herrera es que trates de no asumirte como un vendedor, sino como un gerente de ventas. Es decir, que trabajas para el cliente, y te enfocas en ayudarle a conseguir lo que le conviene. Una persona emprendedora que está buscando hacerse de un nombre y posicionar una marca en el mercado, debe entender que no es un vendedor de seguros o congregador como los testigos de Jehová; porque no los quieres dogmatizar, quieres que sean tus amigos y que sientan una relación bonita al hacer tratos contigo.

Sin importar cuantas veces fracases, debes conservar tu actitud, cuidar tu aspecto físico e higiene, mimetizarte con el ambiente de lo que espera recibir de tu marca el cliente, actualizar tus herramientas y conocimientos. Pero lo más importante, comprender que debes poner atención al trato que das y no pensar en hacer ventas, sino de generar servicios; de ello, se hablará más adelante.

Ahora, cuando un cliente dice que sí, no pierdas la venta. Literalmente agradece, cobra o firma el contrato y corre, vete cuanto antes. No hay que darle oportunidad al cliente para reflexionar y arrepentirse. Los políticos lo saben muy bien, hay localidades en los que él sabe que va a ganar, por tanto, visitan el sitio una sola vez, hacen un evento memorable y no se vuelven a parar ahí hasta que sea necesario. Es triste, pero así es.

3. Taller para elaborar una estrategia poderosa

Creo que ya tienes una idea de lo importante que es vizualizar lo que quieres alcanzar. Cameron Herold, en su libro *Double double* (2011: 5-24) dedicó todo un capítulo, inspirado en la lección del millonario Napoleon Hill, para explicar la importancia de tener una "visión vívida." Se trata de imaginar y escribir detalladamente, cómo ves la organización en tres años. De hecho, si no eres capaz de visualizarlo, el equipo tampoco lo verá y prácticamente todos sus esfuerzos serán en vano pues no habrá una brújula que les indique hacia dónde ir.

Para nuestro propósito, la pregunta es si puedes describir: ¿Cómo ves a tu marca en tres años? ¿Qué significa tu marca para el público en el futuro? Tienes que describirlo y pensar en los cambios. Cualquier estrategia de marketing que sea confeccionada en la actualidad, debe estar consciente de las transformaciones que se están suscitado en la sociedad.

Existen al menos tres segmentos que deben ser contemplados independientemente del giro del negocio o de la oferta: Los jóvenes, las mujeres y los ciberciudadanos (véase Kotler, Kartajaya y Setiawan, 2017: 31).

En principio, es irrefutable, que cualquier oferta debe considerar la percepción que tienen las personas más jóvenes. No sólo porque en algún momento serán consumidores directos, sino porque podrán proveer una fuente valiosa de las expectativas que tienen y pueden pasar desapercibidas por la marca. Las comunidades más jóvenes, aportan datos muy valiosos, porque son más proclives a experimentar y probar cosas nuevas de manera natural. Enfocar parte del esfuerzo a tu relación con la nuevas generaciones puede ayudar a crear un plan de marketing a largo plazo, a posicionarte en algún momento como la marca número uno del segmento de mercado, según nuestra primera clave: Llegar temprano o cambiar el valor simbólico de acuerdo los nichos de interés.

Segundo, el cambio social más relevante del siglo XX fue la incursión del sexo femenino en la economía y el poder. Las mujeres representan un segmento colosal de mercado, en sociedades posmodernas llegan a superar incluso la influencia masculina en cuanto a las decisiones financieras o políticas. Aún cuando usted tenga un producto hecho especialmente para los hombres, debe al menos considerar si su estrategia de marketing puede evitar la confrontación con una perspectiva cargada hacia este género. Una campaña que no considere este punto, puede cometer errores en su ejecución, al grado de alentar debates que puedan mermar la imagen de la marca.

Tercero, aunque tu servicio o producto regularmente no requiera la interacción sociodigital, debes considerar que tu estrategia de marketing pueda ser compatible con internet. Los ciberciudadanos serán la generalidad dentro de pocos años, la generación Z nacida con el internet, no podrá comprender una oferta que no aparezca online.

Por eso, cualquiera que sea tu giro, será absolutamente imposible evadir la influencia del internet, las redes sociodigitales y su posicionamiento en el mundo virtual. Mejor dicho, si no comprendes que debes pensar en los ciberciudadanos, tu estrategia fracasará y tu marca no existirá en un futuro próximo. Más del 70% de la población global tendrá un smartphone para el 2020 (*Ericsson Mobility Report*, citado en Kotler, Kartajaya y Setiawan, 2017: 153).

En la actualidad, una estrategia sólida es aquella que se cierne sobre el espíritu del marketing 4.0, que implica una perfecta compatibilidad entre el mundo *online* y *offline*. Dentro o fuera del mundo digital, si tu estrategia es coherente y minimalista podrá adaptarse fácilmente incluso a dispositivos o redes que quizá aún no se hayan inventado. Entre más rebuscada sea, se volverá más contraproducente, pues surgirán fallas en cuanto a la ejecución, sobre todo en las subunidades de operación más alejadas del centro en que se toman las decisiones.

Durante la ejecución de una estrategia de marketing, se puede recurrir a varias tácticas sobre la marcha, muchas implican marcar diferenciadores con respecto a la competencia. Cierto es que la batalla en marketing, está usualmente pensada para posicionarnos mejor y de paso superar y derrotar a la competencia. Pero, durante la ejecución, una buena estrategia se puede distinguir por un elemento crucial: ¿Es o no sólida su estrategia?

Una estrategia ganadora no es la que se diferencia o luce ventajosa frente a la competencia, sino aquella que mantiene en todo momento la coherencia. Cuando hay una estrategia sólida, se generan códigos que independientemente de la oferta de los competidores y de sus propias tácticas para desgastarnos, van a continuar, van a ser reconocidos fácilmente por la audiencia si se es congruente con el paso del tiempo. La competencia va a estar ahí, para oponer resistencia, para enfrentarnos y hay que aceptarlo.

Quien comprende el marketing político puede abordar casos de productos y servicios fácilmente, pues es en la política donde los ataques suelen ser sumamente duros, sin escrúpulos y virulentos. Pero una buena estrategia siempre va a imponerse a través de los esfuerzos de sus promotores, cuando es consistente con los valores con los que fue diseñada. Trad e Ibinarriaga (2012: 74) coinciden en que una campaña debe ser ante todo disciplinada y mantener viva la estrategia sin contradicciones. El carácter de la marca es la razón de ser, su razón final de supervivencia, por eso los valores inmersos en la estrategia deben coincidir con la filosofía de la marca.

El proceso de marketing ha cambiado en los últimos años, ha pasado de hacer publicidad y vender, a convertirse en un proceso más complejo. Kotler, Kartajaya y Setiawan (2017: 49) definen que ahora las personas: 1) Se dan cuenta, 2) les gusta lo que ven, 3) preguntan al respecto, 4) compran o rechazan y 5) abogan por la marca, la critican o la olvidan. En todo este proceso, la estrategia de marketing debe considerar que debe ser flexible para adaptarse, pero a la vez, consistente para no contradecirse.

Antes de poner en marcha cualquier estrategia, debes definir la personalidad de tu marca, pues será la base sobre la que partirás. Si eres un profesional que ofreces tus servicios, *freelance* o incluso si trabajas por honorarios, entonces tienes que hacer un ejercicio para definir tu marca. Si trabajas para una organización o si ya tienes un negocio, encontrarás lo relevante que es cumplir cabalmente este primer paso. Tienes que determinar qué es lo que quieres que la gente piense de tu marca. Prepara tu lápiz y contesta:

Generador de identidad de marca:
1- ¿Cómo quieres que la gente perciba tu marca?
_____
_____
_____

2- ¿Qué deben sentir tus clientes cuando piensan en tu marca?
_____
_____
_____

3- Si tu marca fuera una persona ¿Cómo describirías a esa persona? Te recomiendo seleccionar tres adjetivos, por ejemplo: Rebelde, serio, conversador, liberal, energético, femenina, masculina, amable, espiritual, cosmopolita, fuerte, intelectual, dulce, tranquilo, raro, clásico, autoritario, líder, glamuroso, amistoso, sexy, saludable, confiable, natural, cálido, juvenil, resistente, elegante, misterioso, imaginativo, chistoso, aventurero, racional, lujoso, alegre, servicial, innovador, maduro, audaz; etcétera.
a)_____
b)_____
c)_____

4- Arquetipos de la marca. Te recomiendo seleccionar dos de las siguientes opciones: rebelde, sabio, líder, madre, amigo, soñador, bromista, seductor, rebelde.

a)_____ y b)_____

5- ¿Cuáles son los beneficios que trae tu servicio o producto a la sociedad? ¿Cómo es que tu servicio/producto está ayudando a la gente? ¿Qué problema ayuda a resolver?

_____
_____
_____

6- ¿En qué eres diferente a tu competencia?

_____
_____
_____

Según las teorías de la comunicación humana, todos comunicamos, aún sin estar conscientes o incluso sin querer hacerlo (Watzlawick, et al, 1993 [1967]: 50). Callar, no hacer nada, tener un negocio y no publicitarlo, dejar nuestras redes sociales inactivas, todas esas acciones van a comunicar algo aunque no lo desees.

Cuando he impartido cursos y seminarios sobre marketing político, siempre me han preguntado cuál es la diferencia entre el marketing y otras áreas de aplicación comunicativa como la propaganda y la publicidad. Mi respuesta es que, la publicidad se remite en específico a los medios por los cuales transmitimos nuestro mensaje, un *spot*, un anuncio, una página en una revista, un comercial en internet, etcétera. La propaganda es un ejercicio de relaciones públicas, que se vale de cualquier método para posicionar una idea, dogma o creencia. El marketing o mercadotecnia, es un concepto más evolucionado porque **es un proceso que depende de una estrategia**.

El marketing va más allá de la publicidad, la propaganda y las relaciones públicas, recae invariablemente en una estrategia para posicionar un producto, servicio o persona, en un lapso determinado. El marketing es una herramienta democrática, que se ajusta a los preceptos éticos y se adapta a la moral de una sociedad para anclar ideas que generen a su vez un mensaje concreto: disrupción, desafío, novedad, estabilidad, confianza, seriedad, tradición, innovación, superación.

El marketing se materializa en campañas de posicionamiento, cuya efectividad depende totalmente de la calidad de la estrategia que está detrás de lo que percibimos. La estrategia es a su vez, la esencia, la espina dorsal por la cual las tácticas se deben desplegar de manera coordinada.

Las marcas que sí comprenden tal situación, se encuentran en una clara ventaja pues apalancan este hecho en una estrategia diseñada a detalle. Antes de comenzar a definir una estrategia, la mayoría de las organizaciones olvidan un paso previo, que es el conocerse plenamente a sí mismas. ¿Qué vende, qué ofrece? ¿Cuál es su valor diferencial? ¿Qué representa? ¿Dónde está su posible cliente? ¿Cumple con lo que ofrece? ¿Cuál es el diagnóstico del mercado al que queremos impactar? Recuerda, debes pensar en los segmentos antes mencionados, no sólo consideres cómo puede reaccionar tu nicho deseado, sino el público colateral de jóvenes, mujeres y ciberciudadanos.

Cuando menciono que debes generar una estrategia clara, literalmente me refiero a una, no a un laberinto de acciones que no le llevarán a ningún lado. Profesionales exitosos en campañas políticas o en negocios de servicios, como Stone (2018) y DeMarco (2018) han descrito que los planes de negocios o de campaña prácticamente no sirven para nada si no se ponen en práctica. En parte es cierto, porque todo plan se modifica al siguiente día que comienzan las operaciones.

Tú puedes iniciar un negocio o replantear tu giro si no tienes un plan detallado. Pero no llegarás a ningún lado si no tienes una estrategia. Por eso, no es necesario que teorices sobre tu siguiente paso en un *powerpoint* con 247 diapositivas. Lo que tienes que hacer es definir una estrategia clara y aún más importante: ejecutar y modificar; esas son las tácticas, lo que tú haces en el camino, adaptándose para cumplir la estrategia del plan.

Una cosa son esos planes sofisticados que exigen las escuelas de negocios y los bancos cuando se solicitan créditos. Pero en la práctica, lo que se requiere es una **planificación logística**. ¿Quieres hacer una planificación logística elaborada? No compres un manual técnico, de maestría en Administración de Negocios, ve directo al clásico *"Arte de la Guerra"* de Sun Tzu y considera estos puntos:

a)   Fíjate una meta final
b)   Revisa el terreno
c)   Fija tiempos de ejecución (hitos o *milestones*)
d)   Para qué te alcanzan tus finanzas actuales
e)   Qué está haciendo tu competencia
f)   Cuál es tu diferenciador, compara los detalles
g)   Ataca y trabaja, ataca y trabaja.

Palabras más, palabras menos, estas son las recetas para hacer una planificación logística realista de cualquier negocio. No requieres cursar un Master en Negocios. El ejemplar más barato del *Arte de la Guerra* cuesta dos dólares en *Amazon*. Andrés Manuel ama a Sun Tzu, casi tanto como a Maquiavelo.

Si hay una diferencia entre la campaña de Andrés Manuel, entre el 2006 y 2012, con respecto a la del 2018 es, que la estrategia de esta última fue concreta y disciplinada. Para los analistas políticos era claro que, en la campaña del 2018, el nivel de improvisación del candidato de Morena fue mínimo. ¿Había una planificación sofisticada? ¿Su proyecto de nación era el más idóneo para el México del 2018 y futuro? No, quizá no había un plan detallado, pero sí existía una estrategia sólida y una planificación logística consistente para lograr el objetivo: Ganar. No podría defender la existencia de un plan para gobernar, pero sí que lo había para ganar la campaña.

Después de haber impartido tantas clases y seminarios hablando de la importancia de la estrategia, me he dado cuenta, que las personas suelen idealizar este concepto. Piensan que es un componente intangible, que sólo se materializa si se tiene un plan en un documento solemne, como ya lo hemos dicho.

Pero no es así. Una estrategia, entre más simple y concreta sea, es mejor. Si es coherente, ésta permeará en prácticamente todos los aspectos de la organización y terminará volviéndose una filosofía de éxito, misma idea sobre la que insiste Herold (2011). Se trata de la transformación de una idea compleja, en una expresión simple, fácil de entender, pegajosa; esa es una estrategia exitosa.

El trabajo en las organizaciones se ejecuta por personas. Las personas somos imperfectas, cometemos errores, hacemos berrinches, tenemos preferencias, padecemos el egoísmo y la envidia. Los teóricos de las organizaciones lo saben bien, por eso siempre recomiendan tener un código de ética, manuales de operación y políticas internas; precisamente para limitar el comportamiento humano. Definir la estrategia es precisamente la base de cualquier comportamiento sobre la marcha de una campaña.

De hecho, la mejor definición que hemos podido encontrar sobre el objeto de una estrategia de marketing es la que nos ha brindado Abraham Lincoln. Y se reduce a decir que la estrategia electoral debe enfocarse a **que la gente hable bien de ti, que te recomiende**.

"*1º Se divide al país en pequeños distritos, se crean subcomités para tener una lista perfecta de los votantes de cada distrito y determinar por quién van a votar... 2º El subcomité mantendrá una vigilancia constante sobre los votantes dudosos; a menudo se debe hablar con la gente con la que ellos tengan más confianza, **hay que facilitarles documentos para que sean ellos quienes los influencien**. 3º También, su tarea será reportarte sus avances, al menos una vez al mes y verificar que el día de la elección cada Whig sea traído a las urnas.*" Abraham Lincoln (Henry, 1840 reproducido por Burton en Lees-Marshment, 2012: 34).

De esta manera, fina y precisa, es como las primeras campañas políticas fueron desplegadas en los EEUU. La campaña de posicionamiento tiende siempre hacia lo mismo, a que no sólo seas tú quien pregone tu producto, servicio o candidato, sino lograr que sean otros los que te recomienden, que hablen bien de ti. Eso es crear valor en la marca. Andrés Manuel, lo hizo muy bien en 2018, sus seguidores lo promocionaron con sus amigos, lo defendieron, lo recomendaron; su mensaje se multiplicó exponencialmente gracias a la simplicidad de su estrategia.

A la hora de revisar cómo funcionan en la práctica muchas organizaciones, hemos constatado que la gente conoce los manuales, sabe sus funciones; pero, muchas veces no sabe cuál es el objetivo primordial de la empresa o institución. Esto se da porque nadie conoce la estrategia, está en la imaginación, en lo que cada quien interpreta ya que no está en un documento concreto. Por eso, debes materializar la estrategia y compartirla con toda la gente involucrada en la organización.

El brief de marketing es un pequeño documento en el cual recae la estrategia del proyecto, es simple y breve, no suele pasar de dos cuartillas. Sea una campaña para posicionar una marca, para competir en una elección, para desarrollar un producto o servicio, el *brief* es una herramienta insoslayable. Dicho de otra forma y para que se entienda su importancia, el brief es la estrategia en una hoja.

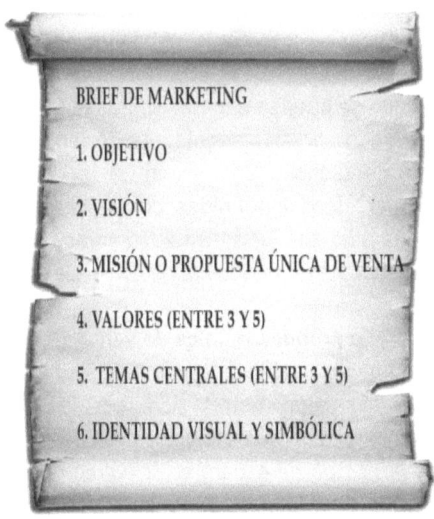

BRIEF DE MARKETING

1. OBJETIVO

2. VISIÓN

3. MISIÓN O PROPUESTA ÚNICA DE VENTA

4. VALORES (ENTRE 3 Y 5)

5. TEMAS CENTRALES (ENTRE 3 Y 5)

6. IDENTIDAD VISUAL Y SIMBÓLICA

¿Qué debe incluir un *brief* **estratégico**? 1) Objetivo, 2) visión, 3) misión y/o propuesta única de venta, 4) valores, 5) temas centrales, 6) identidad visual y simbólica.

Este *brief* es el alma de cualquier plan de marketing. Actualmente, la gente cree que el marketing ha venido a ayudar a la política, lo cual resulta curioso, pues es ésta última la que impulsó prácticamente toda la sofisticación en cuanto al uso de la comunicación pública.

Paso 1. Definir el objetivo. ¿Para qué realizamos la campaña? ¿Qué busca el proyecto de marketing? Cuando se trata de productos, por lo general el objetivo es posicionar la marca, generar conocimiento (*awareness*). Pero también existen campañas, para dominar un mercado e incluso el objetivo puede ser perjudicar u orillar a la competencia. En el caso de Andrés Manuel en 2018, el objetivo era ganar la elección, no sólo posicionar su marca, era acorralar y hacer perder a la competencia.

Paso 2. Generar una visión. ¿A dónde queremos llegar con la campaña? Para poder desarrollar una visión, por fuerza, tenemos que hacer un ejercicio de análisis, para primero determinar quiénes somos en el escenario actual del mercado. Kotler y Keller (2006: 349-363) nos dicen que hay cuatro posiciones que se pueden asumir: Somos la marca líder, somos la marca retadora, somos seguidores de tendencias, o somos una marca de nichos. Una visión se escribe en presente evitando poner ideas indefinidas como *"vamos a tratar..."* Lo correcto sería algo similar a: *"En 2030 somos la marca líder en electrodomésticos en América Latina con sede en Chile."*

Paso 3. Misión o propuesta única de venta. Cuando se trata de una estrategia organizativa, recomiendo utilizar una misión acorde con la visión estratégica, por ejemplo: *"Estamos reduciendo a cero el número de quejas por defectos de calidad y reduciendo el tiempo de espera en la entrega del producto a un máximo de tres días hábiles."* Pero, en el caso de una campaña de marketing, lo correcto es desarrollar una Propuesta Única de Venta (PUV o en inglés conocida como *Unique Selling Proposition*). La forma más poderosa es trabajar con creativos o publicistas profesionales para desarrollar un slogan pegajoso que exprese claramente la estrategia de la campaña, por ejemplo: *"Chevron, cada vez más protección"* (lubricantes de automóviles), *"Pinol, Pinol, aromatiza, limpia y desinfecta"* (líquido para la limpieza del hogar), *"Morena la esperanza de México, juntos haremos historia."* Como mencionamos, también hay campañas cuyo objetivo real es afectar a otro competidor, por ejemplo, Calderón ganó en 2006 con: *"López Obrador, un peligro para México."*

Paso 4. Valores. Esta es una parte esencial de cualquier campaña o proyecto porque marca el espíritu que los involucrados deben vigilar, a su vez, también señala los límites de actuación, pues no se puede actuar en contra de los mismos. Los valores dan coherencia al comportamiento de la campaña. Usualmente, las empresas llegan a delinear hasta 10 valores; sin embargo, yo no lo recomiendo. Para mí un número óptimo de valores es de tres a cinco, porque en la práctica los colaboradores no memorizarán más de cinco.

Paso 5. Temas centrales. Similar a los valores, al hacerse un diagnóstico de la situación, de cómo está el terreno, qué posición jugamos, cómo están nuestros rivales y cuáles son los temas de coyuntura; podemos delinear los ejes temáticos de la campaña. Por ejemplo, en la campaña de Andrés Manuel resulta obvio que los ejes temáticos eran: Combate a la corrupción, las esperanza de un cambio verdadero y ver primero por los pobres. Quizá hubo más temas laterales o de soporte, pero en general estos fueron los centrales.

Paso 6. Identidad visual y simbólica. Parece un aspecto menos relevante que los valores, la visión o los temas centrales, pero no es así. De hecho, sin una conjunción visual y simbólica, una campaña puede carecer de sentido. Es tan obvio, pero en la misma contienda del 2018, se observó flagrantemente la violación de esta regla, la coalición del PAN, MC y PRD, nunca presentó una identidad al unísono, cada quién hizo su campaña por separado y perdieron; lo mismo pasó con el PRI y Nueva Alianza. Ni siquiera cuidaron una paleta de colores en sus anuncios, mucho menos hubo coordinación del mensaje político, que terminó siendo contradictorio para el público en ambos casos.

La gente sigue preguntándose de qué sirvió posicionar a Yawi y su canción de "movimiento naranja" si nunca habló de su candidato. La campaña de Anaya fue un fracaso rotundo y memorable, que ilustra la falta de una de estrategia de marketing, sin una propuesta única de venta. Esto también pasó con el PRI y Nueva Alianza, que elaboraron un comercial súper complejo que trataba de presentar a Meade como la opción para "casarse" por los siguientes seis años, un desperdicio.

El *brief* estratégico, es la base de cualquier plan de marca. Los grandes negocios se han percatado de que su éxito se lo deben al uso de las emociones básicas, a la reducción y simplicidad de mensajes, tanto como sea posible (Bernays, 2005 [1928]: 116). Estas emociones deben: 1) coincidir con el grueso de plan básico de la campaña y sus detalles, 2) ser adaptables a los diferentes grupos objetivos, 3) esparcir la misma idea entre los medios de distribución.

¿Por qué la propuesta única de venta es tan poderosa en un entorno de tanto ruido? Uno de los mayores admiradores de Ed Bernays y Walter Lippmann, fue Joseph Goebbels, el nazi que alguna vez mencionó: *"Hazlo en grande, pero de forma simple, repítelo un montón de veces y la gente lo creerá"* (Stone, 2018: 73). De ahí surgió la cita inexacta de que una mentira repetida 100 veces se convierte en verdad. Pues en la comunicación y en el marketing, las percepciones se vuelven verdad para los receptores, por eso Goebbels atinó en su ejercicio manipulador; y es algo que todos los publicistas aceptan a regañadientes por las implicaciones que esto trajo consigo en una época en que la propaganda no cuestionaba los valores, ni la pluralidad que ahora es defendida como un principio básico de la democracia occidental.

Dicho de otra manera, lo único que explica el éxito total de una marca sobre sus contrincantes, es que ésta se haya devorado la mayor parte del universo comunicacional existente. De esta forma, los adversarios quedan nulificados a los pocos espacios de disonancia, es decir, en los estrechos núcleos que no compran la oferta más fuerte, la que inunda todos los canales comunicativos.

Una campaña siempre se puede identificar a partir de tres fases: 1) se comienza a acostumbrar a la gente con mensajes e imágenes específicas; lo mejor es que creen cuestionamientos y vayan generando una necesidad por ver más de ese material. 2) Viene una etapa donde se engrosa la información, se adaptan elementos a la coyuntura actual, lo cual dota de vigencia a la estrategia. 3) El llamado a la acción. Identificados los públicos se les incentiva para que actúen: voten, compren, se suscriban, visiten, den *click* (Actualización de la idea original de Baena, 1998: 141).

Cuando se intenta cambiar la percepción sobre algún producto o una persona, se debe analizar cuáles son las creencias establecidas a su alrededor. Cuando es una creencia arraigada, entonces se debe desacreditar a las autoridades que originaron esa creencia; o en su caso crear nuevas autoridades que le den la razón a esa nueva opinión frente a la creencia antigua que se busca desechar (Bernays, 2010 [1923]: 92). Por eso no es casualidad ver cómo han surgido nuevos "críticos" y comentaristas entre los medios de comunicación tradicionales, a su vez, han emergido nuevos medios que hablan a favor de Andrés Manuel.

"Lo primero es llamar la atención de la mente del posible comprador porque si no el juego no empieza" (Klaric, 2017: 101) El gancho debe ser un mensaje contundente, decirle a la persona cómo le va a beneficiar o servir ese producto para su supervivencia. Preparar contenidos que hagan alusión a tu marca que transmitan: pasión, humor, frustración, conspiración, humillación o enojo; lo que se comparte es aquello que te hace "sentir algo" (Holiday, 2017 [2012]: 78).

Para lograr que el cliente se fije en tu propuesta, debes mostrar innovación, pero no pasarte; es decir, los productos exageradamente revolucionarios no se venden porque la gente no los comprende. Es lo que le sucedió al joven Ricardo Anaya del PAN, no salió de sus propuestas futuristas, cuando gran parte de la población que iba a votar sigue teniendo discos de acetato y recuerda que las computadoras ocupaban todo un cuarto y funcionaban con tarjetas perforadas. La gente que no reconoce elementos familiares en tu oferta, se va a confundir, por tanto, perderás su atención.

4. Identificar y retener

Considera que en una sociedad orientada a las metas, muchos competirán por la misma recompensa; por eso debes establecer claramente tu diferencia respecto a los productos o servicios con que estás compitiendo (Jones,1987 [1979]: 26). Y no sólo eso, debes comenzar por distinguir quién eres tú frente a las personas que están detrás de tu competencia. La palabra clave inicial es: identificar.

¿Qué es más fácil? ¿Hacer una campaña de marketing que atraiga 500 usuarios nuevos o generar cinco que te repitan compras 500 veces cada uno? Para comprender cómo se deben identificar nuestros prospectos de clientes, o de votantes en el caso de una campaña política, debemos explicar de dónde surgen las necesidades. Si tú comprendes a esa persona le puedes vender muchas veces.

Mientras desarrollamos la estrategia de marketing, debemos comenzar por comprender ¿cómo compramos? La mente humana, según Paul Mac Lean (1952, citado en Klaric, 2017: 82) tiene tres cerebros distintos: 1) El reptil, que es el instinto básico, la actuación inmediata de defensa, agresión, supervivencia y reproducción. 2) El límbico, que es la parte emocional, sea afectiva o vengativa. 3) El córtex, que es la parte que nos hace racionales; funciona a partir de datos y proyecciones, este componente nos convierte en seres reflexivos y es lo que nos permite hablar, a diferencia de otros mamíferos.

Existe cierta similitud entre la teoría de Mac Lean y el trabajo de Freud, "El yo y el ello" publicado en 1923. Allí, Freud nos dice que existen tres mecanismos que estructuran la personalidad del individuo: 1) El *ello* o *id*, que es la parte donde se concentran los impulsos instintivos, donde está el reptil que es oscuramente inconsciente, libidinoso, bastante primitivo e irracional. 2) El *yo* o *ego*, un cerebro que se desarrolla cuando el niño se da cuenta que hay un mundo exterior, en el que debe aprender y adaptarse. Se desarrolla cuando experimenta el dolor o la felicidad a partir de la convivencia con otros seres, como sus padres o sus compañeros en el colegio. Una parte del ego es consciente, fiscaliza los impulsos; pero otra, es totalmente inconsciente y es donde se desatan las emociones contradictorias. 3) El *súper yo* o *súper ego*, es la parte que se separa del *yo* o *ego*, es la parte que observa, critica y juzga; ésta genera proyecciones o modelos a los que el individuo desea parecerse.

Bien, ya hablamos de Mac Lean y de Freud. ¿Pero, de qué nos sirve esto al hacer marketing? Sencillo, las personas creen y han decidido pensar que las ventas se generan porque el producto es bueno o porque han explicado bien y lógicamente lo que ofrecen. A su vez, la gente, el cliente, verdaderamente cree que ha decidido pagar por la mejor oferta posible, que ha decidido racional e inteligentemente. Nada más errado.

Es una mentira asumir que nuestro producto, por más sofisticado que sea, tiene que ser explicado en términos de lo que pretende la lógica. La realidad es que ni apelar al cerebro racional (córtex), ni al *ego* o al *súper ego* que describe Freud, genera las ventas. Ninguna estrategia tendrá éxito si no parte de identificar la necesidad profunda del reptil de Mac Lean o del *Ello* de Freud; es decir, **la necesidad básica e instintiva**.

Festinger (1957), Cialdini (2007 [1984]), Herrera (2016 [2004]) y Klaric (2017) nos dicen que las personas siempre justificarán sus compras, como si su elección hubiese sido la más racional. El marido con tres hijos llega con un auto rojo convertible y ante la reprimenda de su mujer, dirá que no compró la vagoneta familiar, porque el vendedor le consiguió el precio más barato y a pagar en 36 cómodas mensualidades específicamente para ese juguetito rojo. Jamás admitirá que adquirió el deportivo en venganza porque se sentía solo y porque el único lugar para él es el *garage*.

Puede parecer una venta extraña, si nos fijamos en los comerciales de autos deportivos, usualmente conducidos por jóvenes apuestos. Sin embargo, en la realidad, los adultos jóvenes rara vez tienen el dinero suficiente para comprarse ese tipo de autos. De hecho, cuanto más joven, es más probable que compre un auto compacto y económico. Pero las armadoras, saben perfectamente quiénes son sus clientes potenciales, porque han identificado qué tipo de lagartos aspiran a "seguir siendo jóvenes" a través de objetos materiales. Lagartos que, en realidad no son tan jóvenes ya, pero que sí tienen el dinero, o pueden acceder a los créditos para poder pagar esos autos costosos.

La clave, es identificar: ¿Qué ofreces? ¿A quién le vas a vender? ¿Qué desea, o qué necesidad tiene en el fondo ese reptil? Para Klaric, existe un número reducido de códigos con los cuáles trabajar. Cualquiera que sea el producto o servicio, puede encajar en la satisfacción de necesidades básicas como: reproducción, control, trascendencia, reafirmación, poder, reto, placer, pertenencia, venganza, anarquía, seguridad, libertad, exploración, familia, movimiento; entre otros.

En el caso del automóvil deportivo, se puede decir que una persona lo hace para aparentar más jovialidad o por demostrar que no es un perdedor. Es decir, que ha trascendido, que tiene poder adquisitivo y finalmente, que se ha vengado y ha de reclamar definitivamente el garage de la casa como su espacio. En una venta, pueden entrar, a la vez, diferentes necesidades del reptil de forma combinada, de tal forma que resulte en una venta o suscripción.

Si se tratara de una cocina de lujo, la persona puede estar fantaseando con poseer la habilidad para cocinar bien, posiblemente las visitas puedan preguntarse ¿cómo le hicieron para comprar esa cocina? Por tanto, se convierte en un objeto que les proyectará placer por los halagos, reafirmación por sentirse capaces de cumplir el reto de pagarla, aunque al final, quizá ni la usen.

Muchas personas pagan gimnasios caros sólo por aparentar, para presumir ante los demás, algunos por vanidad, para ser más atractivos, o para compensar sentimientos depresivos. Otras prácticamente pagan suscripciones a clubes para conseguir nuevos amigos y alguna pareja para reproducirse eventualmente. Sí, es correcto, sus reptiles les piden oportunidades para reproducirse. Los servicios, desde luego también satisfacen las necesidades del reptil como vemos. Las agencias de viajes satisfacen la curiosidad y las ganas por explorar más allá de su guarida.

El reptil también quiere sentir el reto, quiere trascender, quiere que su prole trascienda entre la manada. La educación privada, sobre todo si se trata de universidades de prestigio también ofrece al reptil membresía, es decir, que seas parte de una tribu reconocida. Cuando se trata de niños, es el papá y la mamá quienes deciden a qué colegio asistirán sus crías. Quienes pagan los colegios de mayor prestigio, están pensando en que el niño debe ser exitoso, porque en el ocaso de sus vidas él será quien cuide de ellos, es una conducta de supervivencia en el fondo y no tanto de amor como se puede creer

La familia, la institución más antigua desde la perspectiva de Althusser, es el primer satisfactor del *ello* de Freud; del reptil del que hablamos, pues es donde se experimenta la pertenencia. ¿Eres parte de nuestra horda? Las marcas grandes, ya comprenden que estas son las demandas básicas que debe satisfacer cualquier producto o servicio, sin importar el giro. De ahí nos damos cuenta que clasificar a los usuarios potenciales en nichos, es crucial, porque no todos los reptiles son iguales ni tienen las mismas necesidades.

La elaboración de una campaña política, pasa por el mismo análisis, identifica dónde están las mayores necesidades de nuestros reptiles objetivo. En el caso de Andrés Manuel, es muy evidente que engendró en la sociedad un sentimiento de venganza, que pudo detectar y acaparar gracias a su discurso acusatorio donde encajonó a todos sus opositores, como *"la mafia del poder."* Que es lo mismo que hizo en España el Partido Podemos de Pablo Iglesias, donde a sus opositores les llamaron reiteradamente *"la casta,"* hasta que la gente adoptó y usó el término en su charla cotidiana.

Se ha comprobado que las explicaciones largas que pretenden ser sumamente racionales no funcionan en los primeros acercamientos donde hay un cliente potencial. Mucho menos cuando se trata de mujeres, describe la experta en marketing femenino, Martha Barletta (2004: 123, 127-129). Si una señorita se acerca a preguntar por una *smart TV*, no quiere que les expliquen todos los componentes tecnológicos, quiere saber si puede conectarse a *Netflix* para ver su serie favorita.

Según esta autora, comenta que verborrear sobre los pixeles, los *gigahertz* o los decibeles, no sirve para venderles; vale mejor usar un lenguaje cotidiano que explique **lo que hace** su oferta, y **no cómo lo hace**. Además de justificar cómo es que su producto ayuda a su entorno social o cómo es que no perjudica a los demás, por ejemplo, si es comercio de trato justo o si tiene una campaña de responsabilidad ambiental o social. Si esta televisión ha recibido elogios por asociaciones de personas con sordera por su *close-caption* o sistema de subtítulos mejorado.

Mucho se ha criticado a Andrés Manuel por **polarizar** a la sociedad en dos bandos, los que lo aman y los que lo critican, los *chairos* y los *fifís*. En realidad es una técnica reconocida en el mundo del marketing que ha sido más evidente con la segmentación, que cada vez se usa más en redes sociodigitales.

Por ejemplo, la marca española de gafas para sol *Hawkers*, comenzó a experimentar con los anuncios que emitía en *Facebook*. Por accidente, se dieron cuenta que las fotos donde las mascotas usaban las gafas generaban más *clicks* que terminaban en ventas, a lo que se le llama conversión. Empezaron a generar más contenidos similares y descubrieron que los perros eran los que mejor funcionaban. Sí, perros con gafas de sol.

De esta forma, un día lanzaron un comercial que mencionaba: *"si a ti no te gustan los perros, tú no nos gustas a nosotros."* Declaración arriesgada, pero que tuvo un efecto impresionante en cuanto al contenido compartido, conversaciones y conversiones, como pocas veces habían experimentado. Por supuesto que, con esta afirmación, habrá gente que está de acuerdo y otros que no.

Esta polarización es muy buena en términos de marketing para las redes sociales digitales, porque habrá reacciones, para bien y para mal. Con lo cual plataformas como *Facebook, Instagram, Twitter* y *Youtube*, exhibirán el mensaje más veces porque están generando interacciones. El peso de las conversaciones es igual de importante que las veces en que se comparte un contenido, pues el algoritmo le indica a la red social que es relevante y por tanto aparece vigente más tiempo.

En una campaña en tierra no es tan diferente, las reacciones hacen que la marca aparezca en más conversaciones casuales. Esto aumenta la visibilidad de una marca de manera brutal. Es decir, no es lo mismo que te den un panfleto con un anuncio y que tú, a su vez, se lo des a otra persona, a que además lo comentes, y des razones para comprar. Es lo mismo en las redes sociodigitales, no es lo mismo dar un *retweet* o un *share* en *Facebook* o *Instagram*, que además dejar comentarios con una postura. Los sistemas reaccionan a las interacciones y suben su importancia de manera exponencial.

Ahora, una vez que se tiene un segmento definido, si se es constante se puede fidelizar a estos seguidores, al grado de que se vuelvan evangelistas de la marca, como dicen Kotler, Setiawan y Kartajaya (2017: 97). Por eso, Andrés Manuel, a pesar de que puede cometer errores ya como gobernante, no apela al conjunto de personas, sino a su nicho fiel, que es bastante numeroso y está muy unido, al menos hasta el 2019 en que se publica este libro.

Por lo anterior, si ya identificaste tu nicho y has generado una comunidad a su alrededor, entonces no vendas un producto, ofrece un servicio. Una de las lecciones más importantes del marketing 4.0, es que las marcas que no se adapten a las nuevas prácticas parecerán. La única forma de que tu negocio sea rentable es, que el cliente no "entre, compre y se vaya;" sino que "entre, compre, se vaya **y regrese**." Si tienes clientes que no regresan, es porque estás vendiendo, no estás brindando un servicio.

La industria automotriz entendió esta circunstancia con el mismo cambio en el servicio al cliente. En un principio las marcas de autos vendían el coche, cuando sufría una avería el cliente regresaba molesto, por lo que el fabricante ocultaba el hecho y atendía de manera aislada al cliente para que éste no se quejara en público. Posteriormente, este proceso se regularizó, y se verificó que en vez de ser un problema, era una nueva forma de expandir el negocio.

Actualmente, casi todos los autos que utilizan una computadora central, están programados para avisar cuando el carro tiene una falla o simplemente ha llegado el momento de "ir al servicio" de mantenimiento. ¿Quién lo diría? lo que antes era considerado un problema, se convirtió en un complemento para la sanidad de las finanzas de las armadoras de automóviles, un verdadero y jugoso negocio. La industria automotriz ya no se basa únicamente en la venta del coche, sino en el servicio postventa.

¿Has notado que cuando llevas tu coche al servicio de mantenimiento, te lo regresan oliendo a nuevo? Le aplican un perfume que asemeja el olor de los plásticos y el cuero nuevo. El servicio entonces proporciona una experiencia. El servicio debe ser de una calidad aceptable, al igual que el diseño, el marketing, las prestaciones y el *glamour* del producto. Pero, si el servicio es deficiente, los clientes no sólo van a dudar en adquirir otro auto de esa marca, sino que de entrada realizarán el mantenimiento con cualquier mecánico.

Por tanto, desde que comiences a diseñar tu campaña de marketing, no centres tus esfuerzos en publicitar el producto, sino en envolver al cliente con una "**filosofía del producto**," un estilo de vida, una comunidad identificable como refieren Kotler, Kartajaya y Setiawan (2017). El cliente debe entender que tu marca no sólo es el producto que está en el mostrador, es una experiencia, que lo quieres ver en tu tienda favorita, porque "es tu amigo."

Sea cual sea tu producto, debes estar previendo que tu objetivo debe ir más allá de la concreción de la venta, debes estar esforzándote en retener al cliente a través del servicio. Ello no sólo aplica para la gente que vende productos, si no para los políticos, ya que muchos olvidan esta parte crucial de la estrategia de negocio, obtienen el voto y olvidan el servicio que implica el cargo público. Por eso, tienen vidas políticas fugaces, porque ganaron para experimentar el éxito, no para brindar un servicio.

Klaric comenta que a temprana edad comprendió que un buen producto es aquel que expande y/o prolonga la experiencia del usuario. Cuando era niño y vivía en Bolivia, descubrió que vender *souvenirs* de las películas de moda era una forma de hacer dinero. Entre esos *souvenirs*, vendió el peluche de *E.T.* a la salida del cine, porque de eso se trataba la película, de eso se trataba el negocio: "de llevarte al pequeño extraterrestre a la casa" (Klaric, 2017: 23). Otra industria que comprende bien el objetivo es la turística, sabe que al humano le gusta coleccionar experiencias, se hace de pequeños trofeos, como pueden ser los imanes para el refrigerador, entre tantos productos alusivos al negocio central.

¿Te has fijado que ahora, en las agencias de autos, no sólo vas a encontrar coches, sino que también venden gorras, rines deportivos, cochecitos a escala, camisetas (remeras en algunas partes de Latinoamérica) y llaveros? Las marcas que entienden el nuevo negocio, no quieren venderte, quieren que vivas con ellas, que tengas una relación emocional con ellas. Que tengas tu colección de tesoros emocionales con la marca, porque esa marca quiere indicarte que no es un producto o servicio, es una experiencia.

¿Pero yo no vendo coches, ni nada lujoso?, dirás. Así tengas una carnicería o una peluquería, lo mismo aplica, es posible retener al cliente por largo tiempo. Quienes venden carne, muchas veces regalan un calendario a sus clientes y por supuesto que funciona, porque si lo cuelgan en su pared y están cerca de la carnicería, es obvio que la visitarán frecuentemente. De ir a la carnicería de la competencia donde no me dieron nada, a ir a la que me regaló un calendario, pues la decisión es lógica, más aún si no tienen diferencias significativas de precio. Al comprador promedio le gusta generar relaciones y tú como marca debes ser recíproco, pero sin pasarte de la raya y hostigar al cliente.

Hay *peluquerías* y hay *peluquerías wow*. Mi hermana es cliente fiel de una peluquería carísima que está dentro de un centro comercial muy reconocido al sur de la Ciudad de México. Realmente me parece un robo lo que le cobran por hacerle su corte favorito, pero comprendo bien lo que tiene esa peluquería comparada con la que está a cuatro bloques de su casa: La peluquería cara ofrece una experiencia, la peluquería barata sólo compite con un precio bajo y una ubicación cercana.

En la peluquería cara, te atienden con un ritual, primero te tienen esperando en un cómodo sofá, mientras te ofrecen cualquier bebida que te apetezca. Si así lo prefieres te hacen un lavado de cabello al principio o al final, donde te dan un masaje con el cual casi te quedas dormido de lo bien que se siente. El precio: 550% más que la peluquería barata y cercana, más las ceras o enjuagues "especiales" que te lleguen a vender.

Esto lo saben incluso *Cartepillar* o *John Deere* que venden maquinaria pesada para la construcción y tractores para el sector agrícola. ¿Has visto como están de moda las gorras John Deere, con su ciervo al centro y el clásico color verde? No sólo el producto se ha expandido a otras áreas que explotan el *lifestyle*, sino que el área de servicio y mantenimiento de estas empresas es un punto fuerte. El estilo de vida es algo que una marca bien definida explota como parte integral del negocio, incluso si se trata de una marca política (véase Beana, 1998: 120 a 127).

En *Cartepillar*, cuando alguien lleva su maquinaria pesada a dar mantenimiento, inmediatamente empiezan a lavar su unidad para que el dueño sienta cómo es que al concesionario también le preocupa y exclamará sin duda: *"Ay mi bebé, como me lo están cuidando"* (Klaric, 2017: 103). Esto no es diferente al lavado de cabello con *masajito de shampoo* que te dan en las peluquerías de lujo; la marca te está consintiendo, porque para ellos, lo más valioso… eres tú.

Estás haciendo bien las cosas, estás inyectando valor a tu marca, con gran calidad y servicio, en el nicho de mercado que te interesa. ¿Qué sigue? Tienes que generar y velar por ir acrecentando paulatinamente tu comunidad.

Cuando generes comunidades, tienes que pensar que tu marca debe generar "amistad" con esas personas. La tendencia indica que, un recurso infalible para la creación de audiencias leales, tiene que ver con la gamificación de tu oferta, producto o servicio. Esto implica generar recompensas virtuales o literalmente crear una competencia en la que se otorguen puntos, que al cabo de la obtención de logros o metas, se convierten en descuentos o regalos simbólicos; que finalmente se traducen en dos cosas fundamentales: más ventas y lealtad para defender a la marca.

Aún en 2017 se pensó que la clave para generar ventas usando internet se resumía a un bombardeo de anuncios a partir de nichos segmentados. A partir de ese año, la realidad es que las estrategias volvieron a cambiar. En el caso de los productos cotidianos y de bajo costo, la estrategia sigue siendo la misma. Pero, en el caso de productos complicados o que cuestan más, esto cambió radicalmente. En pleno 2019, se constató que los productos más complicados de vender, han generado una estrategia basada en comunidades.

Un producto de bajo costo, que requiere constante uso de publicidad en masa, es un *commodity*. Estamos hablando de consumibles, enlatados para la despensa, productos de limpieza, bebidas, ropa interior, electrodomésticos. ¿Pero, cuándo fue la última vez que viste un comercial de TV de *Ferrari*? Y todos sabemos lo que es un *Ferrari*. Es más, trata de recordar el último comercial de *BMW*; no fue en la TV. ¿Quizá en una revista o blog de política o finanzas? Porque saben que su nicho, la gente que puede pagar esos coches no está viendo una comedia por la tarde. En estos dos últimos casos, su audiencia depende más de la formación de culturas, de comunidades específicas.

En el caso de la política, la campaña de Andrés Manuel, representa una excelente ejecución de una estrategia de marketing basada en la creación de comunidades en campo y en el terreno digital. La intención real en la generación de comunidades, no es exactamente que se genere *la venta* o *el voto*, sino **que se generen evangelizadores** que ayuden a potenciar la exposición de cada mensaje de la marca. De esta forma, los mensajes dejan de considerarse *spam* o chatarra y acceden a su clientela potencial de una manera real y orgánica (Kotler, Kartajaya y Setiawan, 2017: 47).

En el mundo del marketing hay una tendencia a la creación de nuevas teorías, considerando que es una herramienta administrativa de reciente descubrimiento. El marketing ha pasado por un proceso de transición, que va desde la creación de consumibles a gran escala y su colocación en el mercado (Marketing); a la preocupación por la investigación del mercado y el nacimiento del internet (Marketing 2.0); y, hasta el involucramiento del usuario en la formación de una comunidad del producto con valores determinados (Marketing 3.0).

El Marketing 4.0, nos dice que las marcas están virando hacia un propósito social a partir de la adaptación entre el entorno físico con el digital. Para Kotler, Kartajaya y Setiawan (2017: 46), se trata del enfoque que combina la interacción *online* y *offline* de las compañías y los consumidores. Es un giro completo con respecto a las primeras nociones de marketing, ahora el consumidor es el principal elemento del ciclo mercantil o de servicio; y no el producto en sí.

Las marcas no buscan más ser exclusivas, sino inclusivas, generando ambientes físicos y cibernéticos donde los usuarios puedan experimentar el sentimiento de "pertenencia." Por eso, mencionábamos que ahora el objetivo es generar comunidades en las que el usuario se involucra en la detección de mejoras o nuevas necesidades, para la creación de mejores dispositivos o servicios.

Pensar que la publicidad decidiría el resultado de la elección, fue uno de los errores cometidos por los partidos más longevos de México durante la contienda del 2018. Como señala Mejía (2018: 32) en su crónica sobre la victoria de Andrés Manuel, el candidato más cercano que fue Anaya se anunció como un iPhone, hablando de tecnologías para un país, donde las carencias se encuentran en cosas más profundas. Complementa después, que el objetivo de los anuncios de Anaya no contenían en su lógica la *"idea de lo público, ni de lo histórico (...) No hay Patria en el target"* (Mejía, 2018: 33).

Tanto el PRI como el PAN, dejaron el trabajo organizacional de base a un lado, apostando todo a una campaña llena de publicidad que les diera el triunfo. Por su parte, el trabajo de Morena, radicó en la generación de una base social consistente. En otras palabras, en la elección del 2018, Morena hizo marketing 4.0, mientras sus competidores seguían pensando que el triunfo se encontraba en la publicidad masiva.

La conectividad ha perturbado a muchas industrias, a marcas legendarias y gigantescas, ante la irrupción de nuevas ofertas que comprenden que la generación de comunidades es la pieza clave del elector o cliente frecuente. El proceso de afiliación del PAN y del PRI, es el primer desmotivador para formar parte de esos partidos. En su lugar, Morena facilitó este proceso y lo incentivó mucho tiempo antes de la elección. Así, al inicio de la campaña formal, Morena no pensaba en votantes, pensaba en comunidades enteras bajo un mismo objetivo coyuntural: #VotoMasivo y #VotoParejo.

¿Por qué si todos los políticos vienen aquí ofreciéndome cosas, yo debería hacerte caso a tí? Aprende del marketing político, porque si puedes vender un político, puedes vender cualquier producto en esta Tierra. No trates de vender por la fuerza, no persigas la venta, mejor persigue las necesidades. Identificadas las necesidades e identificando a los necesitados, procede a ofrecer las soluciones. No ofrezcas un producto, siempre transforma la oferta en un servicio, entonces tendrás un negocio y no sólo una venta.

¿Qué hay para mí? ¿Va a resolver mi problema? ¿Hará mi vida más fácil? Si tu producto ofrece bienestar, le ahorra dinero, le educa, o al menos le hace sentir algo, estás del "lado correcto de la historia." Los productos que resuelven algo y generan valor son los que se venden, son los que generan ganancias. Si piensas en tener un comprador y no en formar un cliente, entonces no tienes un negocio.

5. Generar emociones contando cuentos

El 1° de julio del 2018, era el día del júbilo y fiesta para todos los que participaron en el proceso de campaña, mientras que para los rivales fue la culminación de lo que resumía los meses anteriores: una falta de rumbo, una dolorosa y pesada decepción. La crónica de un fracaso político, una historia que nadie quería compartir.

Andrés Manuel, se convirtió en la experiencia Morena. La gente deseaba formar parte del movimiento que prometía estar en el *"lado correcto de la historia."* Y ese fue su discurso a lo largo de la campaña, a través de los *spots* televisivos y en YouTube. Por eso, formar parte de la campaña, no fue visto por sus participantes como una tarea tediosa, sino como la posibilidad de *"vivir la experiencia."*

Una arma poderosísima en los trabajos propagandísticos descritos por el gran clásico de las relaciones públicas y precursor de la propaganda, Edward Bernays (2005 [1928]: 78-79), es crear las circunstancias para que se genere una necesidad; con eso se retiene consistentemente un nicho de mercado. Pero no es fácil, porque ello implica modificar el entorno. A Andrés Manuel le tomó casi dos décadas moldear las condiciones a su favor. Nunca pienses que una campaña de marketing es breve y trae resultados inmediatos.

Verás, en los años 20 a nadie le interesaban los pianos en los EEUU. Así que un fabricante de pianos, creó una exposición sobre los "cuartos de música" en las mansiones. Para ello, utilizó lo que en 2018 conocemos como *influencers*, gente reconocida en el ámbito del diseño de interiores y de instrumentos musicales. La exposición se publicitó en revistas de arquitectura e interiores, no en revistas de música según relató Bernays (2005 [1928]). Tener un piano era un lujo que no cualquier casa podía darse; por tanto, se volvió un objeto de deseo para las clases medias que aspiraban a "algo más."

Cuando se define la necesidad es porque en el fondo se identifica una carencia o una amenaza. Por tanto, se apela a una motivación psicológica que lleva a la **acción**. En el caso de la empresa es la conversión (compra o suscripción), en el caso de la política es el voto y la convicción de hablar bien de nuestro candidato. El equipo de Andrés Manuel fue identificando diferentes necesidades, a las cuales adaptó su su estrategia para contestar a la vez que generaba conversiones.

Hay que incentivar a que la gente para que no sólo sea convencida de nuestra causa, sino para que se anime a transmitir nuestra historia, a defender nuestro producto. Por eso la historia detrás, debe ser anecdótica y fácil de comprender para que pueda ser compartida.

Lo importante de contar historias, es que ilustren con claridad ideas complejas. Las reflexiones, las parábolas, el hablar de manera hipotética, se logra contándolas como si se tratara de cuentos. Como decía Walt Disney, para su negocio, lo importante era reflejar con fidelidad los sucesos cotidianos en dibujos animados.

Pero agrega Ed Catmull (2016 [2014]: 26), lo que realmente hacía que el espectador comprendiera, se entretuviera y consumiera sus producciones, era la capacidad de los dibujantes para hacer que sus caricaturas mostraran su intención, es decir, que transmitieran emociones. Las personas por sí mismas, al haber sido expuestas a la caricatura, podían retransmitir el mensaje en cualquier charla. Las personas animaban a otros a que vieran las caricaturas, para que animaran a sus niños a divertirse con ellas.

A través del trabajo de Baena (1998: 48 y 49) podemos verificar que se echó mano del motivador hedonista y el impulsivo en la campaña del 2018. Por ejemplo, Andrés Manuel señaló que los mexicanos no se irían más a los Estados Unidos, porque *"en México encontrarían trabajo y salarios dignos con su gobierno;"* esto al referirse al muro fronterizo propuesto por Trump. Aquí se apela a diferentes emociones: frustración, enojo, indignación, impotencia, arraigo y quizá otros.

La teoría hedonista identifica que su motivador es que las personas evitan el dolor y disfrutan el placer. Ese simple discurso, le ganó el corazón de las personas que tienen o saben de casos de familias que han sido separadas por la emigración en México. Se apela entonces al alivio, mismo modelo que se siguió al ofrecer las becas para las personas que ni estudian ni trabajan (ninis), las madres solteras, los adultos mayores y los alumnos de las universidades impulsadas por él. El acceso a dinero, con pocos limitantes sobre su uso, otorga sensación de libertad y de placer a quienes son beneficiarios, sin duda núcleos de seguidores fidelizados por este recurso.

Por otro lado, la teoría impulsiva indica que sus motivadores se relacionan con la estimulación, y esta fue bien articulada en su discurso. La meta puede entrar en diferentes estados de necesidades, como la vegetativa (inducida por drogas), reproductiva, educacional (curiosidad) y la emergencia. Andrés Manuel utilizó la emergencia, que implica que la gente se motive a ejecutar una acción cuando se siente amenazado. "La mafia del poder," esa "minoría rapaz" que amenaza con seguir subyugando al pueblo de México, es un discurso que transmite claramente ese estado de emergencia. La acción solicitada ante tal urgencia era salir a votar por Morena, en un *"voto masivo y parejo"* para impedir que sus enemigos pudieran *"cometer fraude"* (otra amenaza anclada en el mismo discurso).

Es así, como se genera un discurso en el público objetivo, apelando a sus deseos hedonistas y a la reacción de sus impulsos. La opinión pública es el agregado de las opiniones individuales (Bernays, 2010 [1923]: 87). Las personas pertenecen a diferentes grupos sociales y tienen diferentes afiliaciones. La misma persona puede estar involucrada en un gremio sindical, la iglesia, una universidad o escuela, un barrio, un equipo de fútbol, etc. Y, a decir verdad, todos los grupos se creen "la gente" o "el pueblo."

A la gente le gusta estar cómoda en su entorno. Por eso, cuando alguien habla bien sobre nuestro grupo, tendemos a criticar a los que son distintos a nosotros, así se entra en una lucha de egos. Esto favorece la polarización entre el grupo que se siente legítimo frente al otro que se convierte en el perpetrador y la amenaza (Bernays, 2010 [1923]: 125). Ya hablamos de la importancia de segmentar al público al que te interesa atender.

La clave en las relaciones públicas está en ubicar cuáles son los lugares de intersección entre los diferentes grupos sociales. Dónde están las inquietudes, costumbres, usos, problemas que comparten esos grupos, incluso sin conocerse todos los miembros entre sí (Bernays, 2010 [1923]: 151).

Todas las personas tienen compromisos, apegos y preconcepciones. Muchos grupos serán difíciles de penetrar en su totalidad, por eso vale esforzarse por encontrar esos puntos donde coinciden con otros grupos. Pero la membresía en estos grupos no es para siempre y, definitivamente, sí pueden irse moldeando nuevas opiniones a través de la persuasión y la influencia.

Para generar esos cambios de opinión, se debe hacer un esfuerzo refinado en el cambio de las circunstancias externas de esos grupos. Modificar esas condiciones puede orillar a que se altere la percepción de nuevas necesidades, que nosotros podemos cubrir, al menos en el discurso y la promoción (Bernays, 2010 [1923]: 153).

Los siete instintos que conllevan emociones y que pueden ser alterados son: 1) Fuga-miedo, 2) repulsión-disgusto, 3) curiosidad-asombro, 4) combate-ira, 5) autoafirmación-orgullo, 6) autohumillación-sumisión, 7) amor paternal-ternura. (McDougall, citado por Bernays, 2010 [1923]: 156)

Sin embargo, los contendientes del grupo dominador pueden dar reversa a esta preconcepción, si buscan la desagregación de los mensajes que sujetan esa polarización. Es decir, es falso que las sociedades estén divididas en dos polos o dos grupos. Entonces, la dominación se va a dar en un sentido moderno, no por la fuerza bruta que pueda tener, sino por el grado de unidad que se percibe entre los grupos a favor de una idea. Por el otro lado, se dibuja una oposición dominada cuya característica principal es no estar unida.

Ese es el justo reflejo de lo que sucedió en la campaña del 2018. Se identifica a una mayoría de personas organizadas en una microsegmentación de grupos, pero que apoyan a Andrés Manuel, frente a una serie de segmentos opositores que entre sí no tienen puntos de unión. En otras palabras, el hilo conductor de haber estado "en el lado correcto de la historia" fue inmensamente aglutinador, frente a una oposición que no tuvo un discurso ni una tesis común.

La campaña de Andrés Manuel se trazó sobre la historia personal del candidato. Una oferta política que llevó el sello distintivo de la necesidad de un cambio, del combate a la corrupción, de que no se podía estar peor. Ese discurso penetró exactamente en los puntos de intersección entre diferentes y numerosos grupos sociales. Sectores que fueron estudiados meticulosamente con antelación, al grado de comprender sus anhelos, necesidades y quejas recurrentes.

Si hay un punto importante en el marketing de cualquier producto o servicio, es la identificación de las necesidades del cliente objetivo. Vaya, podemos afirmar que no tienes un negocio si no hiciste primero la tarea de investigación de campo. En una entrevista que tuve con Juan Manuel Escourido, quien fuera el director de operaciones de Walt Disney Latinoamérica, me comentó que el grave error de cualquier emprendedor radica en "no querer mancharse las manos".

Es decir, muchas personas plantean ideas de negocio geniales, pero no han trabajado en nada relacionado con el sector al que piensan entrar a competir. En otras palabras, si quieres montar un restaurante, trabaja un tiempo de mesero; si vas a ser candidato, primero participa en campañas políticas. Los emprendedores no llegan a ser empresarios, cuando no comprenden la importancia de los procesos. Por tanto, si no comprendes al cliente y al proceso, difícilmente el marketing salvará lo demás.

Kotler y Armstrong (2012 [1980]: 7) han identificado este problema como *"la miopía del marketing."* Esto se da cuando estamos tan entusiasmados y enfocados en nuestro producto o servicio, y no atendemos lo que realmente está pidiendo el cliente, cuando no tenemos esa experiencia que nos clarificaría lo que está sucediendo en la realidad. En este sentido, Andrés Manuel, aprendió de sus errores y fue delimitando e identificando el perfil de su clientela política base.

Sabía bien, que la experiencia generada en la Jefatura de Gobierno del otrora DF, le iba a funcionar bien para ir haciéndose una idea realista de su verdadero cliente. Sin duda, fue ajustando con delicadeza las variables de ese perfil, dependiendo de la entidad que visitaba. Se tomaron cientos de notas en cada visita. Esa extensa gira de reconocimiento, no era sólo un reconocimiento del área política, era en realidad un estudio de mercado. Escuchando opiniones, quejas y los pormenores que hacían infelices a las personas, las promesas rotas de otros políticos y las frustraciones de cada localidad.

Antes de confeccionar tu historia de marca, debes comprender que los datos son importantes. Ese trabajo de campo fue dándole las claves discursivas al equipo de campaña de Andrés Manuel, al grado de generar mensajes súper poderosos a través de discursos sencillos, donde usó con precisión las palabras ancla.

En el SEO (*Search Engine Optimization*), que ahora se promueve tanto por los gurús del *marketing online*, se comprende con exactitud lo que hizo Andrés Manuel. El equipo de campaña siempre fue tomando nota de los conceptos más repetitivos y se iban filtrando hasta encontrar las necesidades más recurrentes o frases anclas (*anchor texts*); es allí donde está la "mina de oro."

Es exactamente lo que hacen las herramientas de análisis online como *Hrefs*, *SemRush*, *KwFinder* y demás. Te ayudan a encontrar qué palabras está buscando la gente cuando se refiere en específico a tu producto. Localiza cuáles tienen más impacto y así los editores de una página pueden usar esas palabras para que los motores de búsqueda (*search engines*), como *Google, Bing* o *Yahoo*, encuentren más fácil tu producto en internet. A eso se le llama optimizar una *web* y es la misma lógica que siguen los consultores políticos que hacen bien su trabajo.

Si las *anchor texts* funcionan para los motores de búsqueda, es más probable que funcionen para los humanos. Funcionó. Literalmente, en un sentido computacional, los discursos de Andrés Manuel estaban exageradamente optimizados. Vale la pena mencionar que ya existen herramientas de evaluación en neuromárketing como *Sociograph* que miden las emociones de nichos y prospectos.

Por su lado, los rivales, que nunca entendieron la importancia del trabajo de campo previo, enunciaban discursos que no conectaban con las audiencias más numerosas. Sus discursos trataban de seguir una estrategia de innovación (Anaya) y de estabilidad económica (Meade). Pero eso no es lo que la clientela quería.

A pesar de que sus ideas posiblemente fueran buenas, Meade y Anaya tenían conceptos y discursos que la gente no estaba buscando. Esto le pasa mucho a los propietarios de servicios: Alquilan un local, contratan gente, compran las herramientas para despachar; pero nunca se preocuparon por saber qué estaba necesitando la gente en ese punto geográfico. Su servicio puede ser muy bueno, pero no es lo que está buscando la gente.

Los productos que trataban de vender Anaya y Meade, requerían un tratamiento de marketing muy distinto, porque eran artefactos complejos y quizá sofisticados. Esos productos tardan mucho en posicionarse, porque hay que enseñar al usuario su valor, se tiene que hacer un proceso mental más complicado. Por su parte, la oferta de Andrés Manuel, encajó exactamente con las búsquedas cotidianas de la gente: el cambio, la esperanza y acabar con la corrupción.

"No sé cuál es la clave del éxito, pero sí sé que tratar de dar gusto a todo mundo es la clave del fracaso" (DeMarco, 2018 [2010]:). Esto es justo lo que la campaña de Andrés Manuel evaluó. ¿Realmente era necesario tratar de quedar bien con la comentocracia de los medios de comunicación? ¿Realmente era indispensable quedar bien con el sector empresarial? No, Andrés Manuel, le habló a su audiencia, a la que con mucho tiempo fue captando y educando para ser receptiva con su mensaje.

Gran parte de las historias de éxito en marketing se relacionan con la capacidad de sus interlocutores para generar historias. Analogías, anécdotas y mitos componen este dispositivo tan importante a la hora de promocionar una idea, una persona o un producto.

Andrés Manuel supo que si quería que su público comprendiera sus mensajes políticos tenía que generar una historia. Epigmenio Ibarra entendió muy bien que en esta historia debía haber buenos y malos: La mafia del poder contra la esperanza de México, protagonizada por un político de pelo blanco, sabio y sencillo.

Los profesionales en relaciones públicas, saben que cualquier acto transmitido por los medios de comunicación es una oportunidad para cultivar un mensaje horizontal. Una trama que va tomando forma y se va desencadenando mientras ocurren detalles no verbales, que refuerzan o mandan mensajes añadidos.

¿Cómo se generan las historias? Como se ha dicho, se confeccionan a partir de datos. En el caso de la parte digital, existen tres métodos para generarlos y diseñar una buena estrategia de marketing exitosa:

1) Escucha social: Se refiere al uso de *big data*, es decir, la comparativa y análisis de datos cuantitativos, que pueden generarse a través de las propias herramientas de análisis de cada red social, o en su caso, a partir de herramientas como *Search Control* de *Google*, *SPSS* o *Gephi* para analizar la influencia orgánica en redes.

2) Netnografía: Es la versión del método etnográfico pero aplicado en internet. Esto quiere decir que investigadores sociales de la marca van a participar en las redes, convivir con los demás usuarios y padecer sus complicaciones para obtener datos de la experiencia de las audiencias objetivo. Requiere mucho tacto para generar empatía con los usuarios y no interferir en el curso natural del trayecto que experimenta el posible cliente.

3) Investigación empática: Requiere la participación de especialistas que se introduzcan en los canales de comunicación, generen datos y los analicen con la finalidad de obtener conocimiento sobre la experiencia del cliente. Es el método más complejo porque requiere la participación de expertos en psicología, antropología, diseñadores de producto, ingenieros y mercadólogos. Este método es utilizado por las grandes marcas, para evitar que los silos organizacionales influencien una mala ejecución del proceso de marketing. Con silos, nos referimos a esas disputas organizacionales internas, en las que las áreas terminan generando bloqueos de información que derivan en un fallo en el desempeño del producto o servicio.

Diversos comentaristas políticos en México han señalado que la estrategia comunicativa de Andrés Manuel fue generar polarización entre la sociedad. Sin embargo, el miedo generado por sus propios detractores, empujó su discurso hacia una sed de venganza contra los gobiernos anteriores. Esa era la motivación oculta, la necesidad básica del reptil que hemos ya descrito.

Era más palpable el enojo y hasta el odio hacia el sistema entero, mercadológicamente etiquetado como "corrupto." Esto le ayudó dividir en dos a la sociedad, los buenos que estaban con él y los malos que eran todos los demás, así se crearon varios subconceptos que la gente adoptó rápidamente: *"el PRIAN," "la mafia del poder,"* entre otros. Las emociones ayudan a vender ideas, el miedo en particular vende mucho.

Las marcas nos ofrecen bienes materiales o servicios que se crean para cubrir vacíos y esas inseguridades que se suman en el recorrido de la vida. Si en la política es evidente con este tipo de discurso dice Klaric (2017: 126), lo es más en productos tan sencillos como un chicle que te resuelve el miedo a que la gente te detecte mal aliento. Una vez instalado el miedo buscamos proveedores que nos ayuden a llenar esos vacíos. Un buen marketero, entonces, no es realmente el que genera los miedos, sino el que los detecta y ofrece soluciones.

Andrés Manuel también cimentó sentimientos de felicidad y esperanza, se vieron muchas muestras de afecto y amor sobre todo entre su núcleo más convencido de seguidores. Sin embargo, los discursos demuestran que el elemento que su equipo de campaña sabía que vendería mejor era el resentimiento, un miedo y deseo de venganza a esa "mafia del poder mezquina." Alguna vez llegué a escuchar a mi difunto padre decir: *"Yo creo que sólo iría a votar para que no gane el PRI,"* llegado el día ni eso lo motivó a salir en el 2006. La movilización política es extremadamente compleja.

Conocer los temores, manías, creencias y resentimientos de la clientela es tan importante como comprender sus gustos, empatías, expectativas y sueños. Obtener estos datos es fundamental para cualquier negocio, servicio o candidato. Porque comprender esos miedos, analizarlos y ofrecer soluciones, completa el diseño del proceso que lleva a la acción. Una campaña que satisfaga los aspectos positivos y negativos tiene ventaja sobre los competidores que no sepan leer esos mensajes convertidos en necesidades emocionales.

En el marketing moderno se tiene pleno conocimiento de que el manejo de las emociones puede generar una reacción favorable en las ventas si se tiene una planificación. Felicidad, amor, esperanza, enojo, venganza, son detonantes para la reacción de los consumidores o votantes. Recuerda siempre apelar al reptil, no exactamente a la razón.

Por lo anterior, en el marketing se ha presentado un cambio en el modelo de impacto en el cliente prospecto. Casi todas las grandes empresas, firmas consultoras y expertos en marketing han dejado de lado el uso exclusivo de publicidad por dar preferencia a una estrategia basada en contenidos. Según Kotler, Kartajaya y Setiawan (2017) este fenómeno es mucho más notorio en el caso de productos complejos o que requieren de una inversión considerable. Es decir, cuando se trata de productos de bajo costo, como puede ser una mayonesa o mostaza, la visibilidad sigue estando basada en los anuncios, pues el usuario final difícilmente se convertirá en un seguidor y poco abogará por una marca de mayonesa (aunque sí se da el caso, véase Coca-Cola).

Pero esto cambia con los objetos y servicios que suponen un valor mayor, pues implican una toma de decisión mucho más complicada. Las marcas de ropa fina, o de automóviles han migrado en bandada hacia el marketing de contenidos. El marketing de contenido se basa en pequeñas historias, que parten de una idea conceptual montada en la estrategia de marketing.

La oferta política también está experimentado un cambio hacia este modelo. Como mencionaba Baena (1998) se llegó a un punto en que los publicistas pensaban que lo mismo se podía vender un candidato que a un refresco de cola. Aunque actualmente el modelo exige que el candidato demuestre su valía, y para ello se echa mano de su biografía, de los valores que representa, de su entorno, cómo se comporta con su familia, con sus pares, con los desfavorecidos, entre otros sujetos relacionados.

Cuando una marca logra conectar con los valores de su target, la generación de comunidades se puede reducir en tiempo, pues no se tiene que "educar" al cliente a que comparta los valores de la marca, sino que es la marca la que se incrusta en lo que ya es de facto aceptado por el cliente objetivo. A partir de ahí, la marca tiene que generar esas comunidades, gente que comparta la misma perspectiva, los mismos valores, las mismas preocupaciones.

Es decir, la marca es la que gesta esa comunidad, que ya estaba latente, pero que a partir de su inserción motiva para que esa gente comience a "estar junta." Es lo mismo que hizo Andrés Manuel, se apropió de un discurso que ya era común en el ambiente: el hartazgo.

Es aquí cuando la estrategia nos va ayudar a encauzar a esa gente a la que le agradamos. Con la representación simbólica que hemos cultivado, podemos facilitar el proceso de identificación. Por eso insisto en que la clave es contar con una estrategia que sea ejecutada de manera coherente.

Un buen producto es aquél que se convierte en una marca; y una buena marca es aquella que se expresa y es comprendida con un símbolo. Piensa en *Nike, Apple, Mercedes, Coach*; es obvio que su trabajo les costó para que su marca fuera un símbolo. No pienses sólo en el logotipo, sino en lo que representa: ¿Qué representa *Mercedes Benz* en el mundo del automovilismo? A eso me refiero a que genere un valor simbólico, que en el caso de *Mercedes* es calidad, tecnología y legado, por citar algunas cosas que se me vienen a la mente.

¿Qué sucede si la estrategia cambia todo el tiempo? Esto se percibe incluso en la parte gráfica de las campañas de marketing, pues cuando son improvisadas hay una inconsistencia en cuanto al diseño de los logotipos, el tipo de letra y esos detalles que parecieran modificaciones inocentes, pero que al final confunden a la audiencia. Lo mismo pasa cuando no se tiene identificado el segmento o la línea discursiva, sólo hará que se entre en una fase de improvisación y la campaña será sumamente volátil y confusa. En tales circunstancias, las historias mostradas no tendrán un hilo conductor y las ideas tendrán un alcance efímero.

Pese a que la imagen de Andrés Manuel ya era grande, en cada mensaje de campaña se proyectaba como un líder que podía perdonar y ponerse en el lugar de los relegados y exiliados; forjando una historia en la que todos podían participar. Quienes se sumaron iban a ser parte de ese grupo: "el lado correcto de la historia," que significaba no sólo votar por Morena, sino promover al partido y su voto entre sus conocidos.

Las historias bien hechas son aquellas que no entran en tantos detalles y rebuscan la información con tal de impresionar. Los buenos comerciales de televisión o Youtube, son aquellos donde con cinco segundos y con dos pinceladas ya atrajeron tu atención.

Se trata de decir poco, pero contudentemente. Y amplía Jürgen Klaric (2017: 73 y 120): *"No hace falta hablar tanto para vender, tienes que señalar las cosas correctas." "El cerebro ama las historias, por miles de años el ser humano ha aprendido a través de relatos."* Un anuncio de *Frosties* (*Zucaritas* en México) en menos de 20 segundos ya le dijo a la mamá que su hijo jugará con energías basquetbol con sus amiguitos y que será un campeón algún día... si come sus hojuelas vitaminadas (y azucaradas).

Klaric comenta que en una ocasión la marca checa de autos Skôda, le confirió a un vendedor para que le hablara de un nuevo modelo de auto. El vendedor dio miles de detalles, mientras Jürgen Klaric comenzaba a divagar y a perder su atención. Tras el sermoneo para intentar explicar las ventajas del auto, el vendedor dijo que el nuevo Skôda podía aparcarse solo; Klaric de inmediato volteó y señaló que las ventas debían enfocarse en comenzar por lo más innovador, por la verdadera gracia del carro, que en este caso era la posibilidad de estacionarse automáticamente.

Todo lo demás es algo que otros coches pueden hacer, así que había que llamar la atención con su mayor virtud (quizá la única, en realidad). Andrés Manuel utilizó la misma estrategia, no era el mejor preparado, el más guapo, ni el más joven; por tanto, explotó el autoseñalarse como "el no corrupto," procedente de un partido que nunca había estado en el poder, lo que cualquiera podía constatar, pues sólo el PRI y el PAN habían sido gobierno federal en México, por ello el mensaje encajaba bien.

La magia del *storytelling*, está en contar historias, anécdotas, ejemplos, metáforas, juegos y todo lo que vende, pero sin venderte directamente. Los expertos en marketing saben que una marca bien posicionada no busca venderse por sí misma, sino generar todo un contenido para que el público evalúe y determine por sí mismo. Esto es, invertir el proceso de venta.

Cabe generar expectativas, *"lo hemos vendido mucho, porque nos recomiendan, nos dicen que la calidad de los terminados es muy buena,"* "*esta semana una señorita como usted se llevó un coche similar, y cuando vino por su kit de limpieza gratis, nos dijo que fue muy fácil conectar el estéreo con su iPhone.*" A las personas les gusta echar a volar su imaginación: ¿Te verías igual en ese coche escuchando tu música favorita mientras vas al gimnasio por la mañana?

"No me vendas, ayúdame a comprar," es un pequeño libro de Helios Herrera (2016 [2004]), en el cual se ilustra lo que acabamos de comentar. Por ejemplo, cuando vas a ver las cocinas en una tienda, por lo general el vendedor trata de explicar y convencerte que sus cocinas son las mejores que encontrarás en la zona. En cambio, los comercios con técnica en ventas, hacen que el vendedor califique al cliente: ¿En dónde vive? ¿Cómo es el espacio donde se requiere la cocina? ¿Cuántos miembros hay en su familia? ¿Suelen convivir más en la cocina o en el comedor, o es el mismo espacio? ¿Qué acabados o colores predominan en la casa? Felicidades, tenemos una cocina justo como tú la requieres.

Invertir el proceso, tiene que ver con toda la filosofía del nuevo marketing, que parte del saber escuchar, hacer preguntas y obtener datos del cliente para que él mismo sepa lo que le conviene. Los datos que tú le vas aportando son breves, pero contundentes, porque no solo ayudan a forjar una opinión, sino a crear una historia en su cabeza, en la que es protagonista, está cocinando una rica pechuga de pollo con verduritas en su radiante y hermosa cocina nueva.

Esto es totalmente compatible con la publicidad que se genera con contenidos digitales, en forma de historias o ejemplos. El truco está en que mientras se hacen esas preguntas calificadoras al cliente, en automático su mente empieza a rememorar cómo es su vida cotidiana. Y con los datos que se le aportan, él o ella va generando en su mente historias nuevas y posibles con la fantasía de la cocina nueva. El color, el olor de la comida, una ventana por donde entra el sol, todo eso se crea en la mente del cliente si se le pregunta de manera adecuada y si se le deja hablar.

El vendedor realiza una escucha activa y va complementando las fantasías, con ejemplos: *"Sí, fíjese que esa cocina se ha vuelto famosa entre la gente que tiene apartamentos remodelados. Una cliente vino el otro día con su prima, porque sus sobrinos adoran el color de su cocina, entonces nos la trajo y se llevó esa cocina en color verde manzana, ¿muy futurista verdad? Ella dijo que su prima le mencionó que parecía un apartamento nuevo."*

"(....) Cada vez estoy más convencido de que vamos a lograr el renacimiento de México, y que es acertada la fórmula de acabar con la corrupción, con los privilegios y liberar todos esos fondos para el desarrollo, la corrupción nos va a dar bastante dinero". (Web oficial de Andrés Manuel: Acutzingo Veracruz, 7 de enero de 2018)

Pero, no olvides que incluso el odio genera mejores resultados dependiendo del producto y del contexto, pues la gente se puede sumar a una causa más fácil por rencor y por la necesidad de vengarse que por comodidad o el sentirse identificado con algún candidato. *"El enemigo de mi enemigo es mi amigo"* dice un viejo proverbio en política.

Resulta axiomático que las personas de menor preparación suelen ser más intolerantes a los puntos de vista que consideran contrarios. La amargura que causan los cuestionamientos o argumentos en contra de la opinión generada, suele ser enorme. (Bernays, 2010 [1923]: 90). Por eso cuando alguien habla mal de la marca de nuestro coche, sentimos cierta indignación; por eso cuando alguien hablaba mal de Andrés Manuel, y ya había decidido votar por él, más se aferraba a su idea y lo defendía; porque creía en esa historia.

A pesar de que existan trabajos como los de Offe (1984) y Lawson y Merkel (1988) que pregonan la crisis de los partidos y es lo que la gente cree; la realidad es que a las personas les gusta creer en algo o alguien a quién seguir. Para cualquier persona o grupo no hay nada más reconfortante que la certeza de tener un rumbo. Es muy difícil encontrar un modelo de líder, pero es muy fácil identificar villanos a los cuáles culpar (Stone, 2018: 86). Andrés Manuel, al igual que Donald Trump lo sabían.

Elaborar un cuento, un discurso, una historia, conlleva comprender que a la gente no se le tiene que indicar exactamente lo que tiene que sentir, hacer, o cómo reaccionar. Esto debe ser el resultado, no una petición explícita. A la gente no le gusta acatar órdenes y menos de una marca. Lo realmente poderoso está en generar contenidos que la gente encuentre atractivos, que busquen imitar, o cuya lección o moraleja sirva para ilustrar el mensaje; y finalmente compartir y hasta defender.

De esa forma, el público recibe la indicación o la invitación, pero no se le patroniza. Se le explica para qué sirve, las implicaciones, cómo puede ser la experiencia, el deleite que conlleva o las consecuencias de no hacerlo. En sí, se ilustra el modelo y es el espectador el que termina complementando el mensaje, adoptándolo como propio, cuestionándose, parafraseándolo y finalmente tomando la decisión de actuar.

Decíamos pues, que el enojo también genera conversiones. Pues bien, cada campaña, sobre todo si hablamos de política, tiene una contracampaña que por lo regular es amoral, carente de ética, y la mayoría de las veces, ejecutada por gente sin escrúpulos. Se trata pues de la campaña negra.

En el marketing político así como en las relaciones públicas está prohibido aceptar -formalmente- la existencia de esta contraparte de la estrategia. Es más se recomienda que el propio candidato, o en el caso de organizaciones, que ésta sepa poco o nada al respecto de la contraestrategia. Precisamente para que éste no tenga en su cabeza referencias que lo hagan delatarse en un momento de estrés o confusión.

La campaña negra implica la creación y difusión de historias negativas sobre la competencia. Muchas veces los cuentos generados son infundados, carecen de pruebas y evidentemente no son expuestos por una fuente visible o confiable. En cambio, generan desconcierto, propician rumores y añaden elementos negativos al discurso del oponente. En el caso de Andrés Manuel, no hubo recato por parte del mismo candidato, sino que hubo una tarea de apoyo estratégico. Es decir, si Andrés Manuel acusaba de corrupción a tal político, su estrategia en medios, a través de *"Abre más los ojos"* aportaba datos para reforzar su discurso.

Andrés Manuel, aprendió que para magnificar su mensaje central, tenía que utilizar los medios de comunicación convencionales, y a su vez, incentivar la creación de medios afines. Entre ellos su propio periódico de nombre *Regeneración*, *SDPnoticias* (el Sendero Del Peje, por sus siglas), *Sin Línea* y por supuesto, los medios con una tendencia izquierdista más asentados como *La Jornada* y *Proceso* (la relación con Proceso se deterioró en julio de 2019, cuando Andrés Manuel los señaló por no *"haberse portado bien")*. Pero también, el colectivo digital *"Abre más los ojos"* que lideró Tatiana Clouthier, contribuyó en momentos clave, para la proliferación de una audiencia más consistente en las redes sociodigitales.

Para ganar una campaña, o para posicionarte, debes atacar a tu oponente desde varios frentes. Dice Stone (2018: 72): "Su oponente debe llegar a sentirse no sólo asolado sino confundido y hasta desmoralizado." La política no es exactamente igual que los negocios. Mientras en los mercados puede existir una diversificación estratificada para los gustos de los consumidores; en la política no, sólo hay una silla presidencial y por cada pequeño distrito local, un diputado que gana. En tanto, el ganador se lleva todo y el competidor se va a su casa o al retiro.

Nunca se debe dejar a la competencia sin una respuesta. En el caso de Trump, nunca dejó que cualquier ataque por parte de Hillary Clinton se fuera sin respuesta (Stone, 2018: 66). De igual manera Andrés Manuel, a pesar de que podía elegir el tono del contraataque, jamás dejó que sus adversarios se fueran sin su escarmiento.

Esto fue evidente en las redes sociodigitales, donde se generó toda una estrategia efectiva de contraataque inmediato. Las respuestas no deben precisamente venir del personaje principal, a veces conviene dejar el trabajo sucio a otros eslabones de la organización y no desgastarse. En *Abre más los ojos* se aportaban datos, se compartieron manuales para que los internautas que apoyaban a Andrés Manuel, tuvieran protocolos para hacer promoción y en su caso para defenderlo.

"No trabaje con un guión, sino de preferencia con un esquema" (Slutsky y Slutsky, 1992 [1989]: 195). En lugar de memorizar todo lo que tienes que decir, haz algo similar a Andrés Manuel: todos los días esboza un esquema de los puntos relevantes, así como los datos importantes con los que cuenta. Andrés Manuel es un experto en improvisar cuando no tiene respuestas sólidas. Cuando se trata de implantar programas de capacitación interna en tu negocio, utiliza historias para ejemplificar tu punto. Es la forma en la que el político hace que las personas visualicen lo que quiere decir aunque quizá no tenga el dato preciso.

Una estrategia de marketing, que genere historias a través de marketing de contenidos, va complementarse perfectamente con implementar un sistema de gamificación. En el capítulo anterior, mencionábamos que lo importante del proceso de marketing es hacer que la gente se quede con nosotros. Por tanto, el tema de generar retos en la interacción con el producto o servicio se vuelve clave para no dejar que el cliente te abandone.

En el marketing de contenidos la gamificación juega un papel importante, pues hace que las personas olviden que se les está tratando de enseñar, en cambio se involucran por su propia voluntad. No sólo se enganchan con el producto, sino que literalmente aprenden a amarlo. La gamificación tiene que ver con un sistema de recompensas, que puede ser para la búsqueda de regalos en especie, o la mera consecución de puntos para pasar niveles y recibir honores o desbloquear contenidos nuevos.

Quienes hayan sido seducidos por los videojuegos comprenden fácilmente a qué me refiero con este punto. Esta técnica es aplicada por un sin fin de negocios, por ejemplo, las tiendas departamentales con sus tarjetas exclusivas, o los bancos, donde por cada compra vas acumulando puntos, que en un momento te sirven para recibir beneficios. Eso genera lealtad.

La gamificación entra dentro de la ampliación de los contenidos, es una forma de expandir la oferta. Pero además, es una excelente forma para involucrar al sujeto en la experiencia del producto o servicio. Cuando Morena surgió, no partió de cero, de hecho es un esquema generado por Andrés Manuel que data de las Brigadas del Sol del PRD, a finales de los años noventas del siglo pasado. Para ser un partido nuevo con tanto éxito, no existe otra mejor explicación, que el hecho de haber juntado a tanta gente que disfrutó la experiencia de participar de lleno en la campaña.

Finalmente, conviene considerar los puntos cruciales para generar marketing de contenidos con un buen grado de impacto. Como se ha mencionado, se parte de recolectar datos considerando lo que quieres lograr. Se identifica la audiencia, se conectan las metas con los datos y se plantean tesis, es decir, posibles discursos que puedan generar los resultados deseados.

A partir de esas hipótesis que se desprenden de la tesis central, que es la propuesta única de venta, se crean los contenidos, de manera coherente y en una secuencia temporal y contextual. Su distribución dependerá mucho de las posibilidades que tengamos para reproducir el mensaje. A mayor presupuesto, se pueden usar canales de comunicación más visibles, mientras que sin dinero, nuestras posibilidades se reducen a nuestra localidad y a internet.

Como se mencionaba, la amplificación del mensaje depende mucho del presupuesto. Sin embargo, aquí va a jugar un papel importante el sistema de gamificación, que te asegura que las personas que lleguen, tendrán un grado de deserción menor, con lo cual el costo del marketing en distribución puede ser mucho más atinado y provechoso.

Finalmente viene la evaluación y los ajustes que te permitirán la mejora. Estos puntos son ordenados por Kotler, Kartajaya y Setiawan (2017: 125), de la siguiente manera:

1) Establecimiento de metas
2) Mapeo de audiencia
3) Concepto y planificación del contenido
4) Creación del contenido
5) Distribución del contenido
6) Amplificación del contenido
7) Evaluación
8) Mejora

6. Verse grande, pero actuar como pequeño

La campaña del 2018 de Andrés Manuel lucía extremadamente robusta respecto a los otros candidatos desde el inicio, lo cual generó diversas expectativas por parte de los votantes. A comparación de su campaña en 2006 y 2012, en 2018 el diseño fue muy preciso. Desde el mismo nombre de Movimiento de Regeneración Nacional (Morena), se hace alusión a que es un movimiento, que va creciendo; hace alusión a la tez de piel de la mayoría de los mexicanos, al apodo de la Virgen de Guadalupe; eso nunca fue una coincidencia, fue cuestión de marketing.

En marketing la inclusividad es bien valorada por el público, más aún si se ancla a valores aceptados universalmente o por el nicho de mercado con el que quieres conectar. Los negocios con una trayectoria comprobada preparan su mensaje a través de conceptos cargados de valores: la investigación tecnológica de punta, el comercio justo, la inclusión, el empoderamiento de la mujer, la diversidad sexual, la familia, el refinamiento y la calidad, lo que harías por la amistad, entre otros. En el caso de Andrés Manuel, con la plataforma de Morena, pudo cobijar a todos aquellos políticos que se decidían apoyar "el cambio."

Conceptualmente estuvo bien cimentada bajo esa idea del movimiento por el cambio en la historia del país. Por eso, para el votante medio de Morena, no fue sorpresa albergar a expriistas o expanistas, así como a personajes que no gozaban de una buena reputación como Napoleón Gómez Urrutia, Manuel Bartlett, Nestora Salgado, René Bejarano, por mencionar algunos. De hecho, con esta muestra de benevolencia, Andrés Manuel obtuvo un aire de redentor, pues eran figuras bastante cuestionables que encontraron una especie de perdón superior, o perdón moral, tras la figura del *lado correcto de la historia,* un lema que tampoco fue casualidad.

Cuando se trata de posicionar una marca bajo la lógica de entregar un trato humano, estamos apelando a la empatía que se genera en una relación entre personas. En este caso, la marca tiene que prestarse a que el cliente pueda identificar que existe una amistad, un vínculo creciente y emocional. Como dice Klaric (2017: 53), parte de la generación de valor que vas a proveer, está en ofrecer tu amistad a tus clientes.

Howard Schultz, en un documental sobre *Starbucks*, empresa de la cual es el inversionista principal, refiere que el gran reto para no decaer está en poder responder a la pregunta: **¿Cómo crecer y a la vez mantenernos pequeños?** El reto está en que mantengas la confianza e intimidad con los clientes.

Desde que *Starbucks* se convirtió en una empresa gigantesca con franquicias en todo el mundo, Schultz ha sido reacio a cambiar ciertos detalles del negocio como el tipo de cafeteras manuales por automáticas. Él confiesa que las grandes corporaciones comienzan a hacer cosas insensibles, que no son congruentes con la esencia o patrimonio de la marca. Schutz finalmente accedió a cambiar las máquinas siempre y cuando permitieran que el olor del café se esparciera por las tiendas. Su reto entonces ha sido cómo garantizar que el cliente no pierda ese sentimiento de **confort hogareño** en cada sucursal, a la vez que se satisfacen los estándares de crecimiento que esperan sus inversionistas.

En todo momento, la lógica de masificación de Morena estuvo fundamentada en una construcción en el terreno de lo local. Se partió de un fuerte e intenso trabajo para generar redes desde las comunidades más alejadas, bajo la misma lógica en que se crearon pequeñas comunidades en redes sociales, que fueron sumándose bajo los discursos emanados desde el propio candidato. Sun Tzu dijo: "*En un terreno accidentado, si soy el primero en llegar, ocuparé un lugar elevado y soleado, ahí esperaré al oponente*" (2000 [Siglo V a. C.]: 110). Andrés Manuel en su extensa campaña visitó sitios donde nadie más hizo el esfuerzo de pararse siquiera.

La campaña fue a contracorriente de las recomendaciones más actuales del marketing, que es partir de lo general hacia lo local. Es decir, si bien se tuvo una estrategia definida desde mucho tiempo antes de la campaña, la lógica de construcción del movimiento no fue la generación de un embudo a partir de la segmentación; sino que, a partir de la segmentación, se generaron comunidades de manera horizontal, que después se fueron amalgamando en un discurso político, sumamente ideologizado y leal al candidato. En otras palabras, no se fue de lo general a lo particular, sino de una suma de bases específicas que se enlazaron paulatinamente en un mensaje central generalizado.

En el mundo actual, las marcas deben parecerse más a los humanos, deben aproximarse, ser accesibles e incluso vulnerables. Inclusive, las marcas de objetos de lujo, saben que deben mostrar humildad ante las equivocaciones. Quizá este fue uno de los errores que mejor capitalizó la campaña de Andrés Manuel. Mientras Anaya y Meade se vendían como candidatos supuestamente mejor preparados, sus perfiles se alejaban bastante del votante promedio.

En el caso de Anaya se le criticó mucho por aparentar frivolidad, por el hecho de hablar inglés y francés en público. Motivo por el cual, el equipo de campaña de Morena desencadenó una serie de ataques orquestados en redes, que terminaron por encasillar a Anaya como un robot.

Una marca que se muestra humana hacia su clientela comprende que su servicio y atención tiene que ser consistente, entre su actuación en el mundo digital como en su operación en tierra. Por ejemplo, regresemos a Starbucks que enseña a sus trabajadores a tratar a los clientes con familiaridad, como si se fueran conocidos. Darte los buenos días amablemente, llamarte por tu nombre, ser hospitalario, no intimidarte para que te vayas del local aún cuando ya hayas terminado tu café, son detalles que la proyectan como una marca amiga.

De hecho, no es casualidad que en publicidad se recomiende que se incluyan elementos vivos, de preferencia humanos en cualquier contenido publicitario de marca. Según Klaric (2017: 156) en un proceso habitual de comunicación, el 55% es lenguaje corporal, 38% corresponde a la entonación y sólo el 7% al discurso verbal.

Los humanos nos convencemos más por una buena actuación, por un rasgo físico del carácter que por cualquier elemento lógico. En mi libro sobre el Partido Acción Nacional, descubrimos que había un político en particular que era bien evaluado, pero al que los entrevistados referían: "...*no le termino de creer,*" cuando uno lo ve en entrevistas comprende por qué, un político más parco no hay. Tu publicidad y tus contenidos tienen que ser expresivos, tienen que mostrarse vivos, tienen que parecer reales, auténticos.

Según Kotler, Kartajaya y Setiawan (2017: 25) hay tres grupos definidos de influencia: 1) el marketing, 2) los amigos y familia, y 3) las experiencias pasadas. Pero, ante la exagerada y voluminosa cantidad y acceso a la información, las personas se han vuelto más escépticas, a tal grado que la experiencia previa ya no es suficiente para tomar una decisión. Actualmente, las decisiones complejas son consultadas entre familiares y amigos, o a través de las recomendaciones de otros usuarios en internet.

Por tanto, la forma más poderosa de influir actualmente es **que otros hablen bien de ti**, pues si quieres convencer a alguien de que te crea y el dato sale de tu boca, la gente no te va a creer. Siempre explico en mis seminarios este ejemplo: Si yo te quiero vender mi *Clio* viejecito, te diré que casi no gasta gasolina y que es muy fácil de aparcar. Tú me dirás: "*eso dices tú porque me lo quieres vender,*" pero si un amigo tuyo te dice: "*ya viste que el carro de Gus está muy bien cuidado, casi no gasta gasolina y el otro día yo vi que un señor le preguntó si se lo vendía.*" ¿Verdad que al menos te nace la duda del pequeño carrito en venta? Eso ocurre porque alguien más, de tu confianza, te habló bien de mi coche.

Buscamos que alguien nos dé una recomendación, antes de comprar o votar, porque desconfiamos de la información directa (del candidato o del producto) o de la secundaria (como puede ser la publicidad o los medios de comunicación). Por eso, la industria ha comprendido que un negocio que pretenda ser rentable, no va a preocuparse únicamente de la concreción de una venta, sino que debe generar un ejército de creyentes de su marca o de sus productos. Por eso, el término #amlover, encaja perfectamente con esta observación: una marca que pretenda obtener un futuro estable, debe generar un *ejército de amantes* de la marca que defiendan sus productos ("*army of lovers*" en Kotler, Kartajaya y Setiawan, 2017: 28).

Existe en Latinoamérica una masa desesperada que es capaz de tomar decisiones sin mesura. Los EEUU, por su parte, no son la democracia perfecta que se pensaba y también han dado paso a la incursión de líderes carismáticos estridentes, que no necesariamente simbolizan una sofisticación política. En diversas latitudes a lo largo de América ha regresado el anhelo paternalista de que el gobierno será quien salve a la sociedad. ¿Quién es el responsable de esta regresión, los partidos políticos o la sociedad civil?

Los políticos tradicionales pensaron que el uso del *mass media* iba a ser suficiente para perpetuarse en el poder, pero la sociedad ha descifrado esa mentira. No todo puede girar en torno a la producción publicitaria y propagandística, se requieren hechos, se requiere cercanía y hasta contacto físico. Pero también se necesita que esa sociedad posmoderna desanimada regrese al trabajo participativo y, sobre todo, que asuma sus responsabilidades en el juego democrático.

Los partidos políticos más viejos han enfrentado nuevos retos, de los cuáles no todos han salido bien librados. La elección del 2018 en México ha dado una gran lección a los partidos más antiguos, el PRI y el PAN. En España, también los partidos longevos han sido sorprendidos por las nuevas opciones políticas. Estos nuevos partidos quizá no tienen organizaciones desarrolladas, pero tienen el ímpetu y el producto que la gente estaba buscando inconscientemente: contacto y participación.

Grandes sectores de la población, muchos de ellos nichos amplios que están hartos, han salido a las urnas para "darle una lección" a esos partidos "aburguesados." Por desgracia lo hacen bajo el esquema que hemos comentado, el de la democracia delegativa. Por lo tanto, los ciudadanos que han dado el control total a estas nuevas opciones políticas, seguirán sin asumirse como parte del problema y de la solución. Es fácil señalar las causas y culpables del problema, lo difícil es participar y trabajar en las soluciones.

Sin embargo, esta sería una generalización incorrecta, pues la incursión de las tecnologías del internet han reavivado las ganas de ciertos sectores por participar activamente. Las nuevas opciones políticas en EEUU y México han utilizado estos canales (nuevos para muchos), para ir en contra del *status quo* y promover el castigo a los partidos cartel enquistados en los estados.

¿Estas nuevas fuerzas aspiran a convertirse en nuevos partidos hegemónicos o colaborarán en el progreso de la sociedad? En lo que concierne a Morena en México y a Podemos en España, todo indica que aspiran a ser partidos políticos de masas, como es el caso del Movimiento al Socialismo de Evo Morales en Bolivia. Y cuyo éxito depende de la fidelización de militantes y activistas a través del beneficio de gremios y nichos anteriormente dispersos en la sociedad.

¿Tienen la oportunidad de convertirse en partidos hegemónicos? Sí, porque sus estrategias no están simplemente basadas en el control del *mass media*, sino en el contrato emocional en sus relaciones directas con los sectores más leales. A estos gremios y nichos sociales se les da la oportunidad de "pertenecer" y ser parte del "cambio" a través de su conversión como activistas sumamente ideologizados. Las dudas que nacen son: ¿Cómo lo han logrado? ¿Cómo han fortalecido sus vínculos con estos amplios estratos de la sociedad civil? ¿Una empresa puede hacer algo similar?

Tu negocio no debe encapsularse en la idea de que su campaña de posicionamiento depende al 100% de su gasto en publicidad.

De hecho, como lo decíamos, Kotler, a través de sus diferentes obras, siempre enfatiza que el marketing es un proceso. Por eso, bien vale que tu empresa ocupe los mismos indicadores que se consideran en una campaña política: ¿Recursos? ¿Cuántas personas conforman tu comunidad de usuarios actual? ¿De cuántos trabajadores dispones? ¿Cuál es tu posición en el mercado? ¿Tienes productos que ya no se vendan? ¿Cómo te perciben los clientes?

No pienses que nos hemos desviado del tema, aquí describiremos una parte esencial de cómo actuar como una empresa pequeña, de gran contacto y trato directo, pero operando como grande.

Reflexiona: ¿Por qué Andrés Manuel le dio una verdadera paliza a todos sus contrincantes en 2018 en México? Nada tuvo que ver la alianza con otros partidos, ni su divorcio con el PRD. Quienes contesten que fue el resultado de tener una mejor estrategia de marketing, tienen la mitad de la respuesta correcta. La otra mitad es que comprendió que el trato en la sociedad posmoderna requiere de reanimar los ánimos, generar emociones y el ingrediente principal: el contacto de calidad. Exactamente, lo mismo que aplica con la empresa, ya no bastará con hacer buena publicidad si la marca no genera comunidades sostenibles a su alrededor.

El modelo que siguió Morena es el del "buque vacío" en el cual la oferta "fin de la corrupción" se diseñó en las oficinas del partido y se propagó hacia las localidades. En los comités de base se dispusieron los materiales básicos para que los candidatos locales agendaran una visita del candidato presidencial. Los comités no requerían generar discursos sofisticados para sus candidatos locales, en muchos casos estos ni siquiera hablaron ante el público, pero sí era indispensable que fueran presentados y recomendados por el candidato presidencial. No se requería tampoco un derroche de recursos, con alquilar sillas y lonas, tramitar los permisos y repartir flyers, se montaba el evento.

Así de simple fue la instrucción, un mensaje directo y la asistencia del candidato presidencial a todas las localidades. Aunque en algunas se congregara poca gente, ante los votantes eso generó una admiración hacia el candidato y su recomendado. Entre más alejada y humilde es la comunidad más valor adquiere esa visita. Con una charla de 30 minutos se cumplía con el compromiso de asistir y de mostrar su preocupación por las personas. Por ejemplo:

"Ayer me hicieron un escándalo, porque utilicé una avioneta (...) es un taxi aéreo. Porque yo desde hace muchos años transito en promedio -que no lo hacen estos 'fifís'- 600 km diarios; y me aviento tres, cuatro, hasta cinco actos diarios." (Discurso de AMLO en Guaymas, Sonora. SDP noticias: 17.04.2018)

Pero el éxito de fondo no está en la mera operación política de la campaña. Cuando nos referimos a que la clave en la victoria de Andrés Manuel se debió en buena parte a la percepción de cercanía derivada del contacto, dejamos en claro que este candidato hizo lo que sus rivales desdeñaron. Nos referimos al reforzamiento del vínculo del político con un amplio sector de la sociedad civil, esos estratos que no saben quién es su diputado local, pero que exigen y están ávidos por criticar a "los políticos que los han olvidado."

Si tienes un negocio o participas en uno, ya te vas dando cuenta de las consecuencias que tiene el descuidar a la clientela y fomentar una comunicación efectiva. No es que el *canvassing* (recorridos a pie) y los mítines hayan sido inventados por Andrés Manuel en México. Pero existe una realidad, el PRI que gobernó durante tantos años dejó de tener ese contacto directo con la sociedad. Todavía en los años 90, el PRI celebraba reuniones semanales con sus representantes seccionales y fueron desapareciendo paulatinamente.

En esas pequeñas asambleas trataban temas sobre gestión de necesidades de las comunidades, la planeación de festejos locales y la recepción de solicitudes y propuestas para los legisladores de la demarcación. Se comentaba superficialmente la estrategia local del partido y sus políticos escuchaban a quienes se daban cita. Lo dejaron de hacer cuando perdieron el control del electorado, cuando ya no era rentable políticamente. La primera ciudad donde se terminó con esa tradición fue la Ciudad de México, que en 1997 elegiría la opción de izquierda, el PRD. ¿Para qué dedicarle tiempo a sus agremiados en una ciudad que había cambiado de partido? Evidentemente, con esa lógica, el PRI quedó desaparecido de la Ciudad de México, nunca hicieron el esfuerzo por escuchar a los votantes que aún creían en ellos: los perdieron.

Actualmente, los partidos políticos se están viendo en la necesidad de regresar al contacto cara a cara con el electorado. La razón es que tras esa relajación y enquistación de los partidos profesionalizados de la que hablan Katz y Mair (1995), han surgido nuevos jugadores con tácticas distintas. En el caso de Podemos (en España) y de Morena (en México), provienen de una tradición de izquierda que busca revivir los métodos de los partidos antiguos de masas; que favorecían a los gremios, confederaciones y sindicatos.

Por supuesto que entienden la nueva dinámica de las redes sociodigitales, y la generación de tendencias de opinión. Comprenden bien la dinámica propagandística y cómo usar a los medios tradicionales, no a partir de tratar de quedar bien con ellos o de la repartición de dinero, sino a partir de la polémica.

Es la misma estrategia que desarrolló Trump en 2016. Cuando verificó que la prensa y la TV no estaban con él, rebasó a los medios y líderes de opinión a través de las redes sociodigitales, a la vez que incrustaba sus contenidos de la forma más controversial posible. Esa es la ventaja de haber trabajado para la TV, sabe en dónde poner la carnada para que "piquen" los medios.

La otra parte de su despliegue está en el trabajo en tierra, sin duda, la herramienta que incentiva más "compromisos" a largo plazo. Esta manera de insertarse en el conocimiento, confianza y decisión del mercado ha sido explotada por grandes negocios como *Tupperware*, *Mary Kay* y *Amway* en EEUU. En México las personas están acostumbradas a tener un amigo, familiar o vecino que vende *PriceShoes, Stanhome, Avon, Herbalife* o *Natura*, por ejemplo.

Son negocios millonarios que están siendo la inspiración de "nuevas estrategias" de marketing de campo. Evidentemente hay cierto sarcasmo en las comillas, pues son acciones que los partidos simplemente dejaron de hacer, esa era la forma original de hacer marketing político antiguamente. Podemos asegurar que la crisis o el declive de los partidos, sobre lo cual existen muchos trabajos, se genera en el fondo, por la falta de interés de los partidos para mantener contacto real con la sociedad.

Muchas empresas están experimentando las mismas convulsiones, porque les sucede igual, pierden el piso y creen que su valor de marca se sostiene en el legado. Son fantasías, pues una marca que no cuida su interlocución, está destinada a padecer el dolor del partido político rancio: nadie cree en él. Por otro lado, en marketing, esta tendencia por afianzarse en el contacto directo, está regresando impulsada por la expansión digital. El reto está en la generación de comunidades virtuales que puedan ser activadas en la realidad.

Ubertaccio (en Lees-Marshment, 2012: 179), define que este contacto puede ser considerado como marketing directo. También se le conoce como estrategia de marketing multinivel o marketing relacional. Desde la perspectiva comercial, quiere decir que la venta se realizará con la recomendación "de boca en boca" a través de alguien "de confianza." Esto se acentúa en el caso de las mujeres, pues es más probable que acudan a los amigos, familia o compañeros y no se conformen con revisar en internet, como sí suele pasar con los hombres (Barletta, 2004: 137).

El modelo por sí mismo no garantiza el éxito, pero sí genera relaciones más duraderas y útiles a largo plazo. La recomendación de alguien en quien confiamos es un arma "ultra" poderosa. *Tupperware* se caracteriza por instruir a sus afiliadas para que hagan reuniones, hablen de cosas en común, se la pasen bien, compartan botanas y tomen café con sus invitadas (prospectos). Porque es una forma de reducir la ansiedad y la venta no se hace de manera forzada, sino a través de la calidez, la confianza y la amistad. Esto es actuar como pequeño y operar como empresa grande.

Para la gente normal, la política es algo ajeno, un tema que genera suspicacia. Por lo cual, ante un tema que genera tantas dudas, la persona está deseando que alguien de confianza le dé una razón para decidir su voto. En la incertidumbre, tendemos a creer en lo que otros creen, más si es alguien conocido, aumenta radicalmente las posibilidades de influir en la decisión (Cialdini, 2007 [1984]: 129 y 168).

Esta fue exactamente la lógica del manual de actuación que en el 2018 promovió Andrés Manuel, a través de Tatiana Clouthier con su colectivo digital "Abre más los ojos:" ¿Cómo reaccionar ante la crítica al candidato? ¿En qué momento hablar de política en una reunión social? ¿Cómo organizarse con otros simpatizantes? En fin, la estrategia era ganar, entonces se trataba de un manual para promover el voto a favor de Andrés Manuel.

Es un esquema piramidal, que trata de maximizar las relaciones sociales de los agentes encargados de pequeños territorios (ver artículo de Bai, 2004). Aprovechan estas relaciones que todas las personas forjan de manera natural, que se encuentran en su localidad, en la escuela o el trabajo, la familia, la iglesia y demás asociaciones.

En los EEUU, los republicanos tienen una experiencia más avanzada en cuanto a la práctica de este modelo de acercamiento con el votante prospecto. Mientras que los demócratas se han especializado más en la estrategia basada en el líder carismático como lo fue Bill Clinton y Barack Obama.

El modelo fue muy evidente en la campaña de reelección de George W. Bush en 2004. De hecho, en Massachussets ocurrió que el candidato demócrata John F. Kerry arrasó con el voto independiente y ni así pudo alcanzar a Bush, quien sólo con el voto republicano pudo vencer, la razón, porque sí salieron a votar.

Barda en apoyo a Andrés Manuel en 2012

Fuente: Autor desconocido. Divulgada en *Twitter* y *Facebook*, 2012.

El Comité Nacional Republicano, tras la cerrada victoria del 2000, visualizó que la campaña del 2004 requeriría más trabajo. Más aún considerando los sucesos de la Guerra en Irak tras los atentados del 11S del 2001 en el WTC de Nueva York. El jefe de la campaña de Bush, Karl Rove se obsesionó con el modelo multinivel de *Amway* y lo puso en práctica con el "Proyecto 72 horas."

La estrategia consistió en reclutar voluntarios para las campañas a nivel estatal, local y colegiadas del Partido Republicano. Eran invitados directamente en las casas de campaña, los mítines y a través de internet. Estos nuevos activistas eran responsabilizados de un distrito en específico, en donde podían echar mano de sus relaciones sociales para asegurar el voto. A su vez, tenían un mentor que supervisaría un área más grande y que contaba con mayor experiencia en campañas.

El grado de contrato emocional de los voluntarios fue altísimo, pues sus logros eran cuantificados y se les asignaban metas. Este fenómeno también se pudo ver entre los seguidores y activistas de Andrés Manuel desde su campaña en 2012, que se animaban a pintar sus bardas ellos mismos. La misma situación se presentaría en 2018 entre los seguidores más involucrados con la campaña.

Meses después de la elección, sus simpatizantes aún conservaban las pegatinas con la imagen del candidato de Morena en sus coches. Pegada la estampa o pintada su pared, el individuo hará lo imposible por defender su decisión, a esto se le considera disonancia cognitiva, porque cualquier razón en contra es acomodada para no admitir que pudo haber sido un error (Festinger, 1957 en Baena, 1998).

La tarea de los nuevos voluntarios consistía en generar agendas telefónicas de sus contactos, hacer recorridos en los distritos estratégicos y responsabilizarse de la visibilidad local de la campaña. Para Bai (2004) el modelo tuvo buena aceptación porque la gente estaba dispuesta a participar.

Según Matt Bai, se replicaba el principio de los *reality shows* de la TV, donde el espectador desea formar parte de las decisiones. Las personas querían participar de algún modo cuando veían que gente de su confianza usaba el pin oficial de W (el signo con el que se distinguió la campaña de G. W. Bush). Bien, Andrés Manuel hizo lo mismo durante su proceso de desafuero en 2005, cuando se repartieron los listones tricolor entre la gente para demostrar su apoyo al entonces visible candidato hacia el 2006.

Para Ubertaccio la campaña de Bush también se caracterizó por su asistencia personal a muchas circunscripciones (en Lees-Marshment, 2012: 182 y 183). Desde las elecciones intermedias de 2002, Bush visitó 40 estados y más de 100 distritos congresionales. Al igual que Andrés Manuel, comenzó con el posicionamiento de su imagen con mucho tiempo de antelación a la campaña oficial.

En 2004 el esquema de campaña de Bush tenía fuerte presencia en 50 estados, pero eran 16 los estados en donde se concentraría la batalla real. El esquema de campaña se estratificaba en la pirámide, que era liderada por su comité central en Virginia. Luego estaban los coordinadores regionales, seguidos de los coordinadores a nivel estatal, los cuales eran profesionales asalariados. Después vendrían los responsables de los condados, las ciudades y los distritos, que eran voluntarios. Para el día de la elección, la estructura representaba, por sí sola, un millón de votos garantizados.

La estrategia se revirtió hacia la campaña del 2008 con Obama. En un principio el demócrata Howard Dean intentó nominarse como candidato presidencial a través de una campaña basada únicamente en internet. No tuvo éxito, pero el esquema fue retomado por Obama, que a su vez copió la estrategia en tierra de Bush. Según Ubertaccio, la campaña de Barack Obama combinó ambas estrategias, mientras que John McCain, candidato de los republicanos, ni siquiera llevó con éxito la campaña en tierra. Mientras las oficinas de Obama 2008 y Andrés Manuel 2018 eran un bullicio, las oficinas de McCain y Anaya permanecieron con cierta calma y expectantes, he ahí la diferencia.

El caso es muy relevante para el contexto del 2018 en México. Los candidatos opositores a López Obrador, cometieron errores cruciales en su forma de relacionarse con la sociedad. Los equipos de campaña de Meade (PRI) y de Anaya (PAN) esperaban que las campañas se definirían con las mismas armas publicitarias del 2000, 2006 y 2012. Por el otro lado, tenían a un oponente que vendía muy bien su producto a través del mensaje "de boca en boca" y en las redes sociales. Un candidato que se mostraba humilde y sencillo en las plazas públicas, pero feroz y envolvente a la hora de hablar.

Ubertaccio prescribe que para generar relaciones fuertes en las estrategias de contacto directo, la organización y sus operadores deben considerar cinco puntos:

1) Comenzar por el perfil del cliente o votante, según sea el caso.

2) Que la campaña online sirva para expandir el contacto personal con el candidato.

3) La campaña online debe ser 100% coherente con la campaña en tierra.

4) Se debe diseñar un programa de mentores que den cohesión a los esfuerzos de los niveles operativos.

5) Definir un esquema de incentivos selectivos para mantener las redes con los sectores sociales participantes.

Mantener el vínculo social más allá de la elección es el primer reto de los partidos que han retomado esa forma de hacer política; el segundo, es evitar la tentación por corporativizar a la sociedad en su conjunto, que es lo que sucedió en Venezuela con el Partido Socialista Unido de Venezuela y lo que en su momento pasó con el PRI y Lázaro Cárdenas (1934 a 1940), que afilió a todos los sectores populares, sometiéndolos al PRI.

Entonces, si bien la campaña de posicionamiento de una marca, servicio o producto, puede tener gran éxito a partir del contacto de una estrategia multinivel, el gran reto será mantener a esa clientela. Como mencionaba Carnegie (2016 [1936]) ganarse a una persona o a un grupo de personas suele costar muy caro y es un proceso largo; pero perder su confianza, por el contrario, suele darse de inmediato. Basta con que no cumplamos con las expectativas o noten alguna inconsistencia de nuestra parte para que la confianza se vea mermada.

En el caso de Andrés Manuel, se le ha criticado muchas veces por ser populista y hasta poco aseado. Pero los críticos siguen sin comprender que él le está hablando a un público en particular que se identifica plenamente con su figura. No es casualidad su aparente accesibilidad, sobre todo en espacios públicos como los aeropuertos, emulando a otros presidentes o expresidentes como Trudeau (Canadá) o Pepe Mujica (Uruguay). Cada foto que él permite tomarse con la gente, se convierte en un foco de publicidad gratuita en redes sociodigitales.

Durante los primeros días del sexenio de Andrés Manuel, se hizo viral un video de una señora que estaba en el aeropuerto, le pasó a su marido el teléfono para corroborar que ya estaba esperando su avión. El marido estaba incrédulo y sorprendido al experimentar que el presidente de México accediera a hablar en vivo con él y su esposa. "La buena publicidad es aquella que habla con 30 millones de personas como si estuviera hablando con una sola" (Baena, 1998: 131).

En las campañas políticas es mucho más necesario que en los negocios generar campañas omnidireccionales. Es decir, que se debe estar en todas partes, en cada canal comunicativo, o como menciona Stone (2018: 76) "hasta debajo de las piedras, no deje una sin voltear."

Si crees que estas nociones de marketing político pueden funcionar en el marketing de la empresa, estás en lo correcto. Porque el marketing "no político" es un juego a comparación del ambiente salvaje y brutal que rodea a la política. Este aspecto se exacerba con el uso del internet. Tantas carreras políticas se han truncado desde que todo mundo tiene acceso a un *smartphone* que graba audio y video y que puede transmitir en tiempo real.

El internet es capaz de generar tendencias con objetivos específicos. Primero crea un concepto, busca decirlo en cualquier medio y después empuja la tendencia en redes sociales, por añadido, los medios que no te habían puesto atención empezarán a hablar de ti.

En una elección política nacional, el factor más importante siempre va a ser reconocer el nombre del candidato. Puede tener una vaga idea de quién es en realidad, incluso no conocer nada de lo que propone y aún así, ser votado por el simple conocimiento. Tanto Trump 2016 como Andrés Manuel 2018, le deben sus victorias a este simple hecho: Hicieron un arduo trabajo de *personal branding* durante muchos años.

De hecho, en el texto de León, Camarilla y Salinas (2017) sobre campañas políticas en redes sociales, se asevera que una campaña en redes sociales se gana con antelación a la formalización de las campañas oficiales. Es decir, el trabajo en redes requiere de un posicionamiento paulatino y constante.

Pero esta regla aplica también para cualquier producto. Anteriormente, se consideraba que el marketing en internet era una opción que podía "ayudar" a impulsar una estrategia tradicional. Ahora es un requisito indispensable, pues las nuevas generaciones son nativos "navegantes" de internet.

Las campañas de marketing están experimentando un cambio en el modelo de influencia. En el siglo XX se descubrió que utilizar figuras reconocidas a través de los medios de comunicación masivos generaba gran influencia sobre las preferencias de los consumidores. En la actualidad, Kotler, Kartajaya y Setiawan (2017: 12 y 13) afirman que el internet está forjando un esquema horizontal en la toma de decisiones en los consumidores.

Esto quiere decir, que la influencia ya no es vertical, ya no viene de arriba hacia abajo. Los negocios online ya no recurren a personajes famosos y actores de Tv para recomendar sus productos con la frecuencia que lo hacían, ahora utilizan influencers. La conectividad que ofrece el internet permite que los consumidores indaguen sobre el producto o servicio y pregunten a sus nichos de influencia. Estos núcleos son los familiares, amigos, conocidos y otros usuarios similares a él. Las referencias de gente "normal" y no de "gurús" es la que ha marcado la diferencia en comercios electrónicos como *Amazon* o *Uber*, que literalmente comprenden que la mejor recomendación es la que se da "de boca en boca."

Si vas a estar en las redes sociales, no es sólo para hablar de ti. Las redes sociales bien utilizadas, sirven para escuchar o en su caso leer. Obtener datos y opiniones, para extraer preocupaciones y un posible escenario de lo que la gente está experimentando. Escuchar frustraciones y quejas es muy bueno para identificar qué es lo que está buscando un perfil de cliente, o un perfil de votante. La gente se queja porque está buscando soluciones que alguien no ofrece.

Los mensajes no verbales que ha desplegado Andrés Manuel en su trayectoria como personaje político están plagados de simbolismos. Uno de los que la gente asocia con frecuencia es el uso de vehículos modestos, primero un Tsuru, luego un jetta, ambos de color blanco.

Esta es una forma simbólica de expresar humildad, tan antigua como las relaciones públicas. Ya en 1923, Ed Bernays declaraba al respecto de sus políticos asesorados: *"A nuestro cliente le recomendamos dejar de usar su Rolls-Royce y comprarse un Ford, porque el público tiene una idea preconcebida de lo que implica un coche lujoso, a quién representa"* (2012 [1923]: 63). ¿Piensas que es innovador? Decía Sun Tzu en la misma lógica, unos 25 siglos antes que Bernays: *"El comandante Wu Ch'i se alimentaba y se vestía como el más humilde de sus hombres. Su lecho no tenía estera; durante las marchas no montaba a caballo; él mismo transportaba sus raciones de reserva"* (2000 [Siglo V aC]: 115).

Esto es actuar como una persona sencilla y no como un político vanidoso. Independientemente de que tenga o no tenga dinero para comprar otros coches (que obvio sí lo debe tener, hasta para comprar unos cuantos deportivos o el último teléfono celular a sus hijos), el mensaje fue entregado de extraordinaria manera entre sus receptores. Esto es el ejemplo de "primero pensar en el mensaje, después ejecutarlo habitualmente hasta que sea asociado."

La estrategia de tu campaña de marketing debe estar tan alineada con lo que buscas representar, que cada mensaje sume a la misma lógica, que sea fácil de reconocer y se distinga de los demás. Debe parecer el trabajo de muchas personas que se esfuerzan por poner su logo frente a ellos, debe aparentar ser MUY GRANDE. En la realidad, debe operar y trabajar como una hormiga, a nivel micro, a trabajar en la tierra, tal cual. Esa es la clave del éxito de un posicionamiento poderoso, y es válido tanto para la gran empresa como para los emprendedores que van comenzando, en cualquier giro.

Algo que debes considerar desde un principio, es que a pesar de que ya tengas una estrategia bien construida, que suene lógica y tenga una apariencia atractiva, no atraerás ningún cliente si no la pones en práctica. Una de las grandes lecciones del trabajo de Slutsky y Slutsky (1992 [1989]: 110) está en señalarnos que un buen trabajo de marketing no depende únicamente de un buen diseño de póster o de panfleto. De hecho, su prospecto lo visitará una vez que sea tocado por su publicidad después de tres a cinco veces que lo vea, es decir, hasta que tenga curiosidad por saber ¿de qué se trata?

Aquí es donde debes estar consciente de que necesitarás más que dinero para gastar en publicidad. Debes implementar tácticas alternas, que incluyen la colaboración con otros negocios, y sobre todo, de involucramiento con la comunidad local de tu establecimiento. Incluso si se tratara de un negocio de ventas por internet, tú necesitas generar una imagen humana y colaborativa con los demás. De hecho, una regla de marketing es que la gente le compra a personas, no a una Sociedad Anónima; la gente busca rostros, responsabilidad, amabilidad y empatía, alguien que se preocupe por ellos.

Por lo tanto, hay relaciones que tú, como emprendedor solitario o como empresa constituida, debes fomentar. Estas relaciones tienen que ser con otros negocios, asociaciones civiles y las instituciones de una comunidad. La clave está en verificar que estas relaciones tengan un sentido dentro de la estrategia delineada; es decir, que los negocios "amigos" tengan como usuarios a personas similares a las que pueden buscar nuestros propios servicios o productos.

Cuando hablamos de las asociaciones u organizaciones de la sociedad civil, hay que revisar qué causas enarbolan y ver cómo encajaría nuestra estrategia en sus objetivos. ¿Cómo les podríamos ayudar, y para qué nos serviría tal colaboración? A continuación, analizaremos algunas de las actividades que se hacen con otros negocios y después hablaremos de las colaboraciones con las asociaciones e instituciones de la comunidad.

Muchas empresas pequeñas o personas que empiezan a ofrecer servicios, recurren a la técnica de los cupones de descuento. Con estos *tickets* o certificados, el cliente adquiere rebajas en un consumo. Son una buena herramienta de publicidad cuando un negocio acaba de abrir sus puertas, o bien cuando se quiere atraer clientes nuevos. Pero hay algunos factores que debes tener en cuenta, el primero, es que si harás promociones en conjunto con negocios que manejan perfiles de clientes similares, no uses locales que estén en tu misma área geográfica. Evidentemente, no tiene sentido buscar hacer alianzas con negocios que ofrezcan lo mismo que usted, ellos son su competencia.

Forzosamente, debes hacerte de negocios amigos que no estén en tu área inmediata de influencia. Es decir, si logras un acuerdo con el negocio de la contraesquina, es muy probable que estas personas ya sean tus clientes, en tal caso, lo único que harás es perder dinero por un servicio que ya están acostumbrados a pagar en su totalidad, una empresa grande no hace eso. Prefiere locales que estén a más de 4.8 kilómetros, que son las 3 millas que recomiendan los hermanos Slutsky y Slutsky (1992 [1989]: 28-30).

Esos negocios a los que recíprocamente harás recomendaciones estarán agradecidos, porque también representan clientes nuevos. Es decir, tú le propones al otro negocio que cuando llegue su cliente a pagar, el despachador le obsequie uno de tus cupones que debe decir: *"La 'Zapatería el Catrín Innombrable' en agradecimiento a su preferencia, le regala un descuento del 20% en el restaurante 'La Mafia del Sabor' ubicado en la calle..."* Evidentemente con los logos de ambos comercios. Recíprocamente, distribuyes los cupones que tu negocio amigo te suministre, con una leyenda similar.

Esta táctica de atracción de clientes nuevos es sumamente efectiva; los *youtubers* y los gurús en internet lo hacen con otros pares cuando han convenido en los beneficios mutuos:

"Suscríbete también al canal del 'Escorpión Criticón' para que veas sus nuevos episodios, dale suscribir y activa la campanita para recibir las notificaciones."

Ahora, un negocio que pretende ser grande NO abusa de los cupones de descuento. Es preferible que se distribuyan en los lugares específicos que suelen frecuentar los usuarios que cubren el perfil. Acuerda con el dueño del negocio amigo que los cupones se den en mano y no sean dejados en la barra de pago, porque nadie los recoge.

Por otro lado, los cupones que se regalan en los semáforos o en las estaciones del metro tienen una capacidad de conversión muy baja porque no te hacen sentir especial. Las empresas que abusan de los cupones, suelen hacer preguntas erróneas como: *"¿Va a realizar pago con cupones?"* porque le estás diciendo al cliente normal, que va a perder dinero por no traer un cupón, y eso a cualquiera le hace sentir como un tonto. Debes proteger la credibilidad de tus precios, es lo que una empresa grande hace.

En todo caso, si pretendes utilizar cupones para atraer nuevos clientes, conviene transferir la responsabilidad de la oferta a un tercero. Es decir, que alguien más sea el responsable de haber negociado esa oferta para "alguien especial." Esto ha funcionado muy bien a las constructoras de apartamentos que crean desarrollos habitacionales cerca de hospitales o *clusters* gubernamentales. Lo que hacen es generar ofertas "exclusivas" que son firmadas por sindicatos o asociaciones de trabajadores, que a su vez se llevan el crédito por "velar por los intereses de sus agremiados."

El punto a destacar, es que la oferta viene de un ente "familiar" y no pone en duda la legitimidad de la oferta. A su vez, quienes desean adquirir un apartamento y no están en esta asociación, saben que no tienen derecho al descuento o a la promoción, por tanto no se sienten mal. Así, la entidad que "patrocina" la promoción también se ve beneficiada; por eso, vale la pena hacerte de aliados de negocios que brinden otros productos o servicios, pero que tienen como objetivo el mismo tipo de personas.

Existen muchas formas de colaborar con otros negocios. En el caso de aquellos negocios que comparten el vecindario, pueden acordar beneficios mutuos. Por ejemplo, una discoteca puede acordar con la peluquería de la esquina para facilitar sus cajones de *parking* para que al cerrar puedan ocuparlos, con la ventaja de que la discoteca reparta en sus tickets de entrada el logo y horario de la peluquería. Como comparten área geográfica, no es necesario hacer ningún descuento en este caso; aquí debes voltear a ver qué otros negocios hay y ¿qué pueden necesitar ellos de ti?

Andrés Manuel en su campaña iba a pararse en las plazas más pequeñas, donde a veces se reunieron no más de 30 personas. Parecería que eran actos desnutridos, pero no se calculó el efecto que causaría en esas personas que pudieron tener un contacto tan cercano con el candidato. El efecto, no en la televisión o las fotografías, sino en esas personas, equivaldría a ser tocados por el espíritu del especial, del diferente, del que sí se preocupa por ellos, "aunque fueran poquitos." Dice Chan Yu en Sun Tzu (2000 [Siglo V aC]: 115): *"Un comandante debe ser el primero en las faenas y fatigas del ejército. En el calor del verano no debe abrir su sombrilla y en el frío del invierno no debe ir abrigado. En los lugares peligrosos debe ir a pie,"* así se gana el respeto, honor y cariño de su gente.

Las empresas tienen que emprender responsabilidad social. Como si fuera un emporio de automóviles o como si fuera un restaurante local, conviene que la comunidad le genere un valor emocional a una marca. Eso es justo lo que hace grupo *VW* en Puebla o la *Cervecería Cuauhtémoc* en Monterrey; la gente las aprecia porque las siente como propias, son marcas que caminan -como decía Chan Yu- *"a pie"* por sus calles.

Ahora hablaremos de lo grande que te hace ver interactuar con asociaciones comunitarias y sin fines de lucro. Estas alianzas tienen múltiples ventajas, pero la más importante es que es una forma de hacer marketing mientras ayudas a causas nobles. No importa si tienes una pizzeria familiar o una franquicia de una marca internacional, la labor que se hace en la comunidad, siempre genera un halo de compromiso con la gente. Lo mismo pasa si tu negocio es *online*, la gente siente empatía por las empresas que se preocupan por la gente.

Tu marca representa comportamientos humanos, no lo olvides. Dice Klaric que a los humanos nos encanta ver a los políticos comiendo, cargando bebés y vistiendo como cualquier persona. Andrés Manuel, es un profesional del escenario. En febrero del 2019 Jesús Ramírez Cuevas, el Coordinador General de Comunicación de la Presidencia, declaró que no habría fotos del Presidente en las oficinas de gobierno. Por ende, la atención y el culto a su figura, realmente se genera desde su lado civil, no desde la investidura que demanda su cargo.

Comiendo de todo, con camisas blancas y a veces guayaberas típicas del sur del país. En restaurantes populares o mercados, siempre con mucha gente alrededor; con cocineros, clientes y todo tipo de personas sacándose fotos con él. Andrés Manuel es un fenómeno, es el "encanto" de una persona que es percibida por las personas acríticas, como "uno de nosotros." Sencillo, sonriente y abrazando a una viejecita, sin guardaespaldas, dejándose querer, ésta es su campaña de medios permanente. Mostrarse pequeño, con humildad, como humano, genera en cualquier marca un halo de encanto para sus seguidores.

Lo mismo sucede con el uso del lenguaje. Durante mucho tiempo se ha tachado a los políticos por ser incomprensibles y hablar de una manera rebuscada. Resulta que los mejores comunicadores, son de hecho, los que utilizan un vocabulario sencillo.

Andrés Manuel es un experto al comunicar sus ideas; los intelectuales van a estar en desacuerdo, y lo van a criticar porque les molesta que no hable para ellos. De nuevo, él le habla a su público, no al público de los intelectuales o *junkies* de la política. Y a su público le gusta que diga cosas graciosas, dicharachos, que se equivoque con las palabras en idiomas extranjeros y diga *"Instagren"* en vez de "Instagram;" dudo que sea un accidente, todo lo contrario, al parecer es premeditado.

A la gente le gusta que una marca sea humana y que incluso se equivoque, que sea graciosa. Incluso a las grandes marcas, se les recomienda que cuando cometan errores, no traten de ocultar lo que hicieron, sino que den una disculpa honesta y recapitulen de inmediato la relación con el consumidor. Por más lujosa que sea una marca, o bien que sus valores sean frívolos, es necesario mostrar un lado humilde para ser creíble. Los humanos somos desconfiados de los robots, eso le falló mucho a Ricardo Anaya 2018, según sus críticos, como el propio Mejía (2018).

7. Escoger los pleitos

Recuerda, lo que uno dice en los primeros instantes, siempre va a establecer el clima de la negociación entera. Por eso, sé detallista en verificar cómo se entabla la comunicación inicial con tu contraparte: sea un cliente, sea un proveedor, o sea la competencia. Cuando se habla de negociación, siempre se hace referencia a que ésta no es una ciencia, sino un arte, porque la interacción humana es cambiante e inestable, depende totalmente de un contexto y no de argumentaciones lógicas, como se pretende (véase Ovejero, 2004: 3-9).

"Si la otra persona toma una posición con la que usted está en total desacuerdo no discuta. Discutir sólo intensifica el deseo de la otra persona de demostrar que él tiene la razón" (Dawson, 2003 [1999]: 21). Andrés Manuel se ha vuelto un experto en resolver estas condiciones adversas, escabulléndose ante los argumentos en contra y volteando a la opinión pública, a través de su retórica.

¿Por qué es importante tener presente esa clave de negociación en marketing? Porque tu campaña, tu producto, tu prestigio siempre va depender de la imagen que proyecte tu marca. Debes conocer sobre las consecuencias de no saber enfrentar tácticamente los ataques, de reaccionar coléricamente o de simplemente sumergirte y caer en los argumentos de la contraparte.

Cuando sales a buscar la venta, cuando quieres posicionar tu producto o la marca en general, te vas a exponer a la crítica y a los ataques. De eso están muy conscientes los políticos, por ello desarrollan una piel gruesa para no deprimirse con la primera crítica, que inevitablemente llegará. En varias ocasiones Andrés Manuel ha sido expuesto haciendo muecas de desagrado cuando se le cuestiona o critica. A nadie le gusta la crítica, pero se debe aprender a seleccionar la respuesta que engendre menos problemas posteriores.

Esto nos lleva a que antes de lanzar cualquier oferta, iniciar una campaña, expresar una opinión o dar contestación al ataque de la competencia, se debe considerar el contexto. ¿En dónde estamos parados? No inicie ninguna batalla si no ha considerado el terreno, la estimación de las cantidades, las comparaciones y las probabilidades de vencer, esto recomienda Sun Tzu (2000 [Siglo V a.C.]: 51).

Hay que entender que, así se trate de un pequeño restaurante, de una cadena gigantesca de productos, o de una campaña política, existe allá afuera un entorno de marketing. Quienes ya tengan un negocio o participen trabajando en uno, entienden perfectamente que, más allá de sus propias aspiraciones y metas, hay situaciones y variables alrededor que pueden favorecer o entorpecer el cumplimiento de esas metas.

Dicen Kotler y Armstrong (2012 [1980]: 66) que el entorno de marketing comprende a los *"participantes y las fuerzas externas, que afectan la capacidad de la gerencia del marketing, para entablar y mantener relaciones con los clientes meta."* Estos autores, aseveran que existe un microentorno conviviendo con un macroentorno.

Por microentorno se comprende a los *stakeholders* cercanos de la compañía: proveedores, clientes, competidores directos, público, intermediarios, por ejemplo. Por macroentorno, se refieren a fuerzas sociales complejas, como puede ser la demografía, el estado de la economía, la naturaleza, la tecnología, las regulaciones, la política y la cultura.

Estos autores, Kotler y Armstrong (2012 [1980]), evidencian que cualquier compañía puede verse en situaciones complejas, sin importar su tamaño o solvencia económica. A Xerox, por ejemplo, le sucedió que durante la primera década de este siglo XXI, pasó de un modelo solvente de negocio en el ramo de las fotocopiadoras, a un escenario totalmente adverso con la expansión de las tecnologías informáticas, por una simple circunstancia: las cantidades de papel se redujeron en consumo. La respuesta de Xerox fue adaptarse e invertir en pequeñas empresas enfocadas en facilitar tecnologías de la información y así adaptarse.

En cambio, otras compañías como *Kodak* o *Blockbuster*, no comprendieron que el reto, no era hacer mejor lo que estaban haciendo, sino adaptarse al entorno. Eligieron evadir la realidad, no supieron renovar su juego y se quedaron a la orilla del tablero. No supieron elegir su batalla. No comprendieron cuál era el nuevo contexto, el mercado se desplazó y sus empresas se fueron a la ruina.

Escoger los pleitos, también hace referencia a la capacidad para sobrevivir a las crisis. Actualmente las redes sociales son un campo fértil para la propagación de escándalos, de amenazas para la credibilidad de cualquier negocio. Cosas que debes considerar: a) El tiempo, cuánto se tarda la compañía en responder. b) ¿Quién declara? Entre más alto el rango, existe una mejor percepción de compromiso. c) No te escondas, no provoques incertidumbre y muéstrate abierto a ofrecer información a los afectados.

Esa es la clave, adaptarte, comprender en dónde está la batalla por la consecución de clientes, suscriptores y/o votantes. La adaptación, además de la complejidad, autonomía y coherencia, son las variables para la institucionalización de cualquier organización, dice Huntington en su obra (2015 [1968]). Porque esto implica que a pesar de que el entorno represente retos, existe la capacidad para no luchar a contracorriente o actuar de manera rígida, sino por el contrario, aprender de las nuevas condiciones y moverte de inmediato, para transformarte.

Las instituciones, las empresas y los políticos que no tienen la capacidad para adaptarse, estarán destinados a sufrir y eventualmente desaparecer. Esta es una de las grandes lecciones que aportó el crítico comunista Antonio Gramsci (1971 [1949]); en la cual describe que los partidos que logran rejuvenecer eventualmente sus cuadros, tienen más probabilidades de persistir en comparación con aquellos que sufren ostracismo. Es la misma tesis que sostiene Lawrence Miller (1989), sólo las organizaciones que evitan los comportamientos aristocráticos, de lujos y derroches, comprenden constantemente de dónde proviene la generación de su riqueza. Cuando una organización, se acostumbra a preservar una misma receta y deja de innovar, fácilmente será rebasada por la competencia.

El entorno pone a prueba tu capacidad de adaptación. Un principio básico de Sun Tzu, es que se debe aprender a estudiar a detalle el territorio donde se librará la batalla. Lo ideal, es que podamos hacer que el enemigo vaya a luchar en el lugar que hemos decidido, con las condiciones y variables jugando a nuestro favor. De hecho, una de las grandes leyes del poder, nos dice que el creador o detentor de las reglas, es quien realmente ejerce el poder.

Es evidente que las elecciones del 2018, se jugaron en el campo y bajo las reglas del candidato puntero, es decir, bajo las pautas que había establecido Andrés Manuel. Pues encontró un terreno accesible, favorable a su lógica y fue el primero en ocuparlo, en posicionarse.

En la práctica, muchas veces tienes que dar batalla en escenarios desconocidos o adversos. Con públicos que pueden estar en nuestra contra, con un mal equipo que nos secunde, con desventajas formativas o económicas. O simplemente, toca enfrentar una competencia mejor preparada que tú. Es ahí donde la capacidad de planeación y previsión, se limita y entra en juego la destreza, el ingenio y la creatividad, para enfrentar estas situaciones adversas.

Por eso, trata de no casarte con un "plan maestro," conviene que tengas opciones y la capacidad para improvisar y adaptarte para sobrevivir. Reitero, quizá una de las grandes lecciones que nos dice Maquiavelo, es que debemos asegurarnos de que podemos planear y estar preparados para afrontar diferentes escenarios y aún así, esto sólo representa el 50% de probabilidades de que las cosas saldrán bien. El otro 50% depende de la caprichosa fortuna que es "árbitro de la mitad de *nuestros actos y nos deja gobernar casi la otra mitad;"* y nos advierte Maquiavelo (2001 [1532]: 157), la fortuna *"muestra todo su poder donde no halla resistencia organizada."*

Quizá haya muchas ideas en las que podemos coincidir o no sobre las capacidades de Andrés Manuel, pero hay una que no está a discusión: su capacidad para improvisar. Para varios de sus críticos puede ser un signo que indica que detrás del político existe una mente que vale la pena estudiar. Hay en su conducta una capacidad bastante formada para sobrevivir en momentos complicados, ya sea por su ingenio o falta de refinamiento, lo cual no lo lleva a sufrir de inmovilidad. Es decir, muchas veces resulta ser tan franco con lo que piensa, que quien lo apoya, no lo juzga por malintencionado, sino por sencillo.

Hay que decirlo, esa capacidad natural para adaptarse e incluso para moldear el contexto bajo su propia lógica, no ha sido cien por ciento asertiva. Es decir, sería un error decir que Andrés Manuel nunca se ha equivocado. De hecho, si recordamos, cometió una falta de juicio sobre el terreno y el contexto en el primer debate en la campaña del 2006. En el texto de Maarek (2012 [2007]) sobre marketing político, comenta que el primer debate en una campaña es siempre el que genera más expectativas. Mientras que un segundo o tercer debate ya no sirve para definir al ganador de los analistas ni el público, que para entonces ya formó una opinión difícil de revertir.

¿Por qué fue un error garrafal? En 2006, Andrés Manuel era quien se había posicionado mejor gracias a que inició su carrera presidencial desde que fue electo como Jefe de Gobierno de la capital. Recordemos su famosa estrategia para atraer a los medios a partir de las conferencias mañaneras. Tras el escándalo que se convirtió en movimiento de apoyo, resultado del intento por parte del Gobierno de Vicente Fox, por quitarle el fuero en 2005, la gente estaba en el punto más alto de las expectativas. Faltar al primer debate, pudo haber significado una mínima pero importante diferencia, que al final favoreció al triunfo de Calderón el día de la elección.

Andrés Manuel estuvo a punto de ganar en 2006. Y esta es la experiencia que cuenta, la de levantarse y seguir adelante. De hecho, hay que rememorar cómo fue el contexto que precedió la contienda electoral de ese año, pues es una muestra del ingenio y la capacidad para adaptarse al ambiente de marketing.

Contrario a lo que se puede pensar, el resultado que consiguió Andrés Manuel en el 2006, fue magnífico. Se quedó a nada de ganar la presidencia y fue la primera vez que una fuerza de izquierda ocupó el segundo lugar en la Cámara de Diputados (en ese entonces con el PRD). Pero, sobre todo, muestra como el candidato pudo recuperarse de un escenario totalmente adverso, con una campaña en su contra apoyada desde el Gobierno Federal, que lideraba el panista Vicente Fox.

De hecho, en pleno auge como Jefe de Gobierno, Andrés Manuel experimentó los videoescándalos en contra de su administración (marzo del 2004). El primero de marzo apareció en medios Gustavo Ponce jugando en un casino de Las Vegas, cuando era el Secretario de Finanzas de la administración lopezobradorista. El tres de marzo aparecería el famoso video donde René Bejarano, entonces diputado local, recibía un maletín de dólares. Dicho video le valió a Bejarano el mote de "el señor de las ligas," pues hasta las ligas del dinero se embolsó.

En esa coyuntura, Andrés Manuel urdió su teoría del complot. Se trata de un artilugio discursivo para identificar a quienes se oponían a su papel como Jefe de Gobierno y posible candidato presidencial.   Ante los medios declaró que eran ataques orquestados por "la derecha;" mientras que el 4 de marzo, el entonces presidente del PRD, Leonel Godoy, reconocería que su partido atravesaba por una gran crisis. Fíjate bien desde qué año impulsó esta idea, no es casualidad que se haya vuelto uno de sus estandartes en su estrategia de posicionamiento.

Aquí, la gran muestra de cómo es que Andrés Manuel esquivó el ataque a su persona y literalmente le endosó el desprestigio al PRD. El secretario del partido, Carlos Navarrete, aceptó que las mafias se habían inmiscuido en la vida institucional. Este tipo de declaraciones distan diametralmente con las que realizó Andrés Manuel, que nunca aceptó algún error, sino que culpó a sus opositores. La lección es que si te atrapan con las manos en la masa, o algo te salió mal, pero no hay pruebas contundentes o una orden judicial directa, niégalo y da vuelta a la página.

El mismo jueves cuatro de marzo, por la noche se publicó en televisión una encuesta de la empresa *GEA-ISA* que revelaba que la popularidad de Andrés Manuel entre los capitalinos bajaba de 74 a 60% (Pérez Rojas, 2017: 208). Con esos mismos datos, Andrés Manuel reorientaría el discurso, sin dejarse enganchar por el sentimiento derrotista y de culpabilidad, dijo que eran la evidencia de que había un complot en su contra.

"El complot" fue el artefacto ideal de marketing que le ayudó a sostener su popularidad en ese difícil periodo de su estrategia hacia la elección presidencial. De hecho, el siete de marzo convocó a una marcha en el Zócalo capitalino para refrendar su compromiso con sus simpatizantes y responsabilizar a la Secretaría de Gobernación de orquestar ese ataque. Evidentemente no mostró prueba alguna, pero su estrategia había virado, él estaba en un proceso de adaptación. Pasó de un discurso de respeto hacia el presidente Fox, a uno de tono beligerante y desafiante.

No obstante, el lunes ocho de marzo, se presentó el tercer video de esta saga, en la que Carlos Ímaz (en ese entonces estaba casado con Claudia Sheinbaum), también recibía dinero del empresario Carlos Ahumada. El 14 de marzo, Andrés Manuel, aprovechó la ocasión y presentó su informe de gobierno, convocando de nuevo a una movilización en el Zócalo capitalino, a partir de lo cual iba incubando una serie de seguidores fieles que, a pesar de los escándalos, iban demostrando cada vez más lealtad hacia su figura.

Es importante señalar, que en ese momento a Andrés Manuel se le presentaban diferentes formas de reaccionar ante el ataque. Era un ataque, que probablemente a cualquier otro gobernante, le hubiera hundido en el fracaso y en el retiro político. Pero él, supo manipular el ambiente y se montó en una línea discursiva en la cual resultó favorecido a la larga. Nunca aceptó fallo alguno, como sí lo hizo el partido, de hecho aprovechó el escenario para fortalecer a su segmento más leal. Por cierto, dicen Ries y Trout, que efectivamente el marketing es una manipulación de la imagen, no es una batalla entre productos, es una batalla entre percepciones (1994: 20 y 25).

Evadió confrontar con evidencias o pruebas que trataran de limpiar los nombres de Ponce, Bejarano, Ímaz o del mismo PRD, pues era un caso perdido. En cambio eligió que el pleito se fuera por otro lado, por la confrontación directa con el gobierno del presidente Fox. Parecía la lucha menos recomendable, pero al final le funcionó, porque atrajo la atención de los medios y se volvió una persona polémica.

Responder así, con una victimización le dio resultado, pues el Gobierno Federal, empezó a cazarlo, empezó a revisar cualquier omisión del entonces Jefe de Gobierno. Así que la administración de Fox picó el anzuelo de Andrés Manuel, y se presentó la coyuntura conocida como "el desafuero."

La Procuraduría General de la República, que en ese entonces representaba a la figura de investigación del Ejecutivo Federal, tenía un expediente heredado desde la administración interina de Rosario Robles, que había sustituido a Cárdenas como Jefe de Gobierno en el año 2000. En ese expediente había un quejoso que argumentaba que el gobierno capitalino estaba realizando vialidades en un terreno de su propiedad (El Encino).

El asunto, complejo judicialmente, era que aún en 2004 las obras del gobierno local seguían en marcha y la demanda del quejoso seguía vigente. El Poder Judicial ya había regresado el expediente al ministerio público para que se argumentara mejor, pero en realidad lo regresaba porque sabía que se trataba de un delito de abuso de autoridad, el cual se considera doloso y que en su momento podría llevar a que Andrés Manuel perdiera el fuero y fuera procesado.

Hábilmente, Andrés Manuel no desistió el trabajo de las obras viales porque le convenía llevar esta situación al límite. Si el Gobierno Federal reculaba se veía como una victoria para Andrés Manuel, pero si no, el Ejecutivo quedaría en evidencia de quererlo eliminar de la contienda electoral, pues si era procesado, perdería sus derechos políticos y quedaría fuera de las urnas.

Por su parte, el Gobierno Federal tenía la convicción de llevar las cosas hasta el final, hasta que se le acusara a Andrés Manuel . Fox mordió el cebo del anzuelo. "Si logras que tu oponente venga hacia a ti, su fuerza se vaciará" (Sun Tzu, 2000 [Siglo V a.C.]: 60 y 63). Al forzar al oponente para que se acerque hacia ti, le obliga a la vez a adaptarse sobre la marcha, incómodamente. El 18 de mayo, Martí Batres, siempre leal a Andrés Manuel, declaró que se trataba de una treta para que el Jefe de Gobierno no pudiera ser candidato, lo cual "confirma un complot" (La Jornada: 18.05.04).

Fue una estrategia absolutamente errada para el gobierno de Fox, quien en su afán por mermar la imagen de Andrés Manuel, le dio la oportunidad para victimizarse y llamar aún más la atención de la gente. Atrajo como nunca antes la atención de los medios de comunicación, incluso internacionales. Fox quedó como el agresor que fue al acecho de Andrés Manuel, Fox "vació sus fuerzas" en tratar de frenar inútilmente a Andrés Manuel, que iba a ser candidato sin importar las consecuencias.

Dice Mejía (2018), la imagen de Andrés Manuel iba a reflejar a la del ciudadano promedio, al que en cualquier momento la autoridad le puede enjuiciar. Al quitarle el fuero, se creaba la imagen de este mexicano común que puede ser detenido por la policía por cualquier sospecha, lo hacía ver vulnerable. Y eso a la gente le gusta, aprecia que los políticos sean como el ciudadano promedio.

"Las paredes en torno se llenaron de notas de apoyo: <<Peje, El Toro>>. Desde entonces es el hombre común, el vecino discreto, el hombre cuya medianía enfurece a los oligarcas del dispendio" (Mejía, 2018: 20). Estos actos de apoyo se empezaron a

observar desde la "marcha en contra del desafuero" organizada el 29 de agosto del 2004. Ese día comenzó su campaña por la presidencia de manera informal, ahí fue la primera vez que mencionó que tenía un Proyecto Alternativo de Nación, una marca que fue modelando y posicionando desde entonces.

El conflicto del desafuero, significó el arranque de campaña hacia el 2006 sin invertir en medios, obtuvo su atención durante todo el conflicto. Las televisoras, enamoradas de los dramas, cayeron rápido y siguieron toda la "travesía" que iba a escenificar Andrés Manuel, hasta su famoso discurso en la plancha del Zócalo tras la comparecencia en la Cámara de Diputados el siete de abril del 2005.

Ganó el terreno, ganó en posicionamiento; todo el lapso anterior al siete de abril, fue tiempo efectivo de campaña política. Durante febrero en múltiples manifestaciones, se invitó a la gente a portar un listón tricolor (como la bandera de México) para mostrar su inconformidad ante "el golpe a la democracia," que en realidad era una muestra de apoyo a Andrés Manuel, el candidato. *"El uso simbólico del movimiento deja ver la habilidad del político para envolver y comprometer psicológicamente en su causa a sus seguidores"* (Pérez Rojas, 2017: 215). La marcha que le acompañaba hacia la Cámara de Diputados, era como el calvario de Jesús Cristo, encarnado como la víctima de un gobierno que "le quería ganar a la mala."

Y sabemos que el resultado final, le dio la victoria a Felipe Calderón, pero hay que recordar que se quedó a menos de un punto porcentual en el resultado final. Fue un gran logro, fue un éxito rotundo porque en ese entonces representaba a un partido humilde (PRD) que tenía pocos triunfos y menores recursos en comparación al PAN y al PRI.

Andrés Manuel comenzó su campaña a la presidencia del 2006 desde el primer día que fungió como Jefe de Gobierno de la capital mexicana. Supo irse adaptando en medio de un contexto adverso. Ante enemigos poderosos como el mismo presidente Fox, supo darle vuelta a sus ataques, eligió bien cuando atacar y cuándo dejarse golpear intencionalmente. El único fallo en su juicio fue el no haber asistido al primer debate de campaña en 2006, fuera de eso ha demostrado tener una excelente lectura de cuándo y cómo aceptar o declinar los pleitos.

En la campaña del 2012, el escenario volvió a ser desfavorable para Andrés Manuel. Esta vez, se enfrentó a un político que había ganado el terreno del debate y que representaba un cambio moderado con respecto a la administración panista. En esa circunstancia Enrique Peña Nieto desplazó a Andrés Manuel como el candidato retador con anticipación. Sin embargo, también logró remontar en la contienda y quedó en segundo lugar de nueva cuenta. Tras dos derrotas, Andrés Manuel había aprendido mucho, quizá la lección más importante fue, que debía trabajar intensamente para no dejar que su imagen decayera otra vez, por tanto, no hubo más bloqueos postelectorales.

Esa característica, la de saber elegir sus batallas, la volvió a demostrar hasta la campaña del 2018. Esto fue evidente en los debates presidenciales, mientras los otros candidatos se desgastaron atacándolo, Andrés Manuel se limitó a contestar de manera jocosa: *"Ricky, riquín, canallín."* Si algo supo hacer muy bien en la contienda del 2018 fue no engancharse, ser evasivo y mofarse de quienes lo retaban. Supo escoger sus batallas como experto.

Para el inicio de la campaña formal de 2018, Andrés Manuel ya había ganado, eso indicaban todas las encuestas. Por tanto, los debates, sólo tenían que ser superados, es decir tenía que presentarse y tratar de salir lo menos herido posible. Recuerda que *"la acción y la no-acción son cuestiones de estrategia"* (Sun Tzu, 2000 (Siglo V a.C. apróx: 95). Andrés Manuel lo volvió a repetir en junio de 2019: *"Soy dueño de mi silencio,"* al evadir las preguntas de los reporteros sobre los ataques del presidente estadounidense, Trump, ante el conflicto por el paso de inmigrantes a través de México.

Los falsos rumores, comprobables o no, siempre tienen implicaciones; pueden representar pérdidas grandes en dinero o prestigio, a través de la percepción alterada, sobre todo si no se atienden rápida y adecuadamente (Bernays, 2005 [1928]: 104). ¿Adecuadamente? Andrés Manuel nos da una clase de lo que es enfrentar rumores de manera excepcional. No contestar nada y dejar que las llamas se apaguen, es decir evadir o bien satirizar para exponerse, a veces como cándido y otras veces como víctima. Estos son los sabios consejos que hemos visto en "El escándalo político" de Thompson (2001 [2000]) y a través de Dale Carnegie en sus diferentes trabajos (2016 [1936] y 1979 [1937]).

Durante la campaña del 2018, medios detractores al tabasqueño publicaron que Rusia lo había estado apoyando con *bots* para la generación de tendencias en redes sociales. En vez de enojarse, su declaración fue satirizar lo dicho por la prensa. Las páginas afines a la campaña de Andrés Manuel siguieron esa lógica, así que lo llamaron Amlovich, Amlovsky o Andrés Manuelovich para que sonara como un nombre ruso. En cuestión de horas y un par de días, miles de seguidores en *Facebook*, pero principalmente en *Twitter*, comenzaron a modificar sus nombres para que parecieran rusos, como en el caso de su candidato.

La propagación y penetración de los mensajes de Andrés Manuel ha sido un arte. Pues en cuestión de horas sus propios dichos como "*me quieren ganar a la mala*" pasan a ser "*le quieren ganar a la mala*," lo cual implica que el receptor lo ha acogido como propio y lo reproduce fácilmente.

Esto se presenta porque tiene la capacidad de simplificar mensajes complejos: "*Existe una orden judicial que obliga al Jefe de Gobierno a suspender las obras o se le procesará por desacato, con lo que quedaría impedido para ejercer sus derechos políticos y no podría ser candidato a la Presidencia.*" Lo tradujo en "*me quieren ganar a la mala.*" Mejor no puede ser simplificado.

Meme en respuesta a la acusación por usar bots rusos en 2018

Fuente: Autor desconocido. Divulgada en diferentes redes sociales en enero de 2018.

Al desplegar una estrategia de posicionamiento de marca, piensa que cada coyuntura, buena o mala, presentará oportunidades para que puedas introducir mensajes. Muchas veces te verás en la necesidad de escabullirte, de enfrentar valientemente la situación o en su caso, de aparentar ingenuidad e inocencia frente a enemigos malvados. En la guerra por el posicionamiento de tu marca, todo debe estar enfocado a que el ruido que se genere, te favorezca, te dé visibilidad y te coloque en el medio en el que están tus posibles clientes.

Se requiere una agudeza muy grande para poder interpretar las variables que cada contexto presenta. Por eso vale la pena estar en sintonía con el terreno (¿quién posee el terreno discursivo?), saber con qué recursos contamos nosotros y los adversarios, las comparaciones (¿qué nos hace diferentes o únicos ante la competencia?), y qué tantas posibilidades tenemos de vencer al adversario. Entonces, la estrategia se desarrolla paulatinamente a través de los recursos tácticos que se van desplegando para adaptarse a los retos que van surgiendo.

Si tu oponente ataca de cerca, entonces tú ataca a distancia; pero si tu contrincante ataca de lejos, entonces atácale de cerca y asédialo, eso decía Bruce Lee. Los buenos marketeros, así como un buen manipulador del ambiente, *"(....) nunca responden automáticamente en cualquier situación. Con una energía creativa y controlada, ven las oportunidades que están disponibles para ellos y para los demás"* (Jones, 1987 [1979]: 22).

8. Pedir su alma

Andrés Manuel ha entendido correctamente que no basta con generar seguidores, sino con entablar un vínculo emocional, que los haga sentir especiales y los vincule con su personaje. Literalmente ha hecho lo que Kotler, Setiawan y Kartajaya (2017: 28) han definido como la creación de un "*army of lovers*," que en castellano será un "*ejército de amantes de la marca.*"

Son personas que están totalmente convencidas de que el producto funciona, que lo van a promocionar y a defender, incluso en escenarios adversos. No es casualidad que desde inicios del 2019 se utilizó en redes el hashtag #amlovers, para identificarse a sí mismos.

Sí, es verdad que la innovación, adquirir ventajas competitivas y poder diferenciarse de la competencia, son elementos importantes. "Pero el factor clave es el equipo humano que acompaña al emprendedor" (Torres en Fraile, et al. 2010: 8), porque el equipo es el que marca las diferencias, amplía la visión estratégica, es quien aporta el valor a los productos y sus integrantes son quienes gestionan e impulsan la marca.

Esta regla de marketing se resume en generar un contrato emocional. Sentido de pertenencia es hacer que los usuarios se sientan identificados con un grupo de personas, que comparten algo en común; por tanto, se sienten especiales frente a otros grupos. En el caso de Andrés Manuel era el grupo que se asociaba con el ganador, el que iba arriba, el que iba a ganar heroicamente frente a todas las adversidades y enemigos.

Los vendedores y en general los trabajadores, o colaboradores más felices son los que se sienten parte de algo importante. ¿Cómo se logra tal nivel de implicación? En la obra del psicólogo Robert Cialdini (2007 [1984]), queda claro que se requiere de un gran poder de persuasión, que se resume en la influencia que una persona ejerce sobre los demás.

Cialdini afirma que esta influencia se obtiene a partir de seis acciones: 1) Generar que la otra persona se sienta en deuda, o activar el sentido de la **reciprocidad**. 2) Orillar a que una persona tome una **decisión** difícil, una vez que la tomó tratará de ser consistente, porque no se quiere ver como un tonto al que engañaron (disonancia cognitiva). 3) Presentarle a la gente una **prueba social**; es decir, tendemos a reír más cuando un programa cómico tiene risas pregrabadas, aunque sepamos que son falsas; lo mismo ocurre con las reseñas al comprar *online*, lo que diga la gente tendemos a creerlo. 4) **Caer bien**, se logra echando mano de alguien que te presente, para que no seas visto como un extraño, es la táctica de las ventas multinivel como *Tupperware*. 5) La gente tiende a acatar las órdenes de alguien a quien admira, es popular o tiene algún rango oficial; se trata del principio de **autoridad**. 6) Finalmente, la gente desea lo que pocos pueden tener, adoran tener aquello aquello que es limitado o se está terminando; se trata del principio de **escasez** muy utilizado en los artículos de lujo, por ejemplo.

El trabajo de Cialdini, resulta de gran importancia, pues parte de la idea de que a la gente sólo se le influye cuando hay interacción en el proceso. Es decir, una persona que no responde a los principios antes mencionados, no puede ser persuadida para actuar bajo nuestra dirección. Como lo ha dicho Jones (1987 [1979]) en su obra sobre la manipulación, gran parte de la gerencia, las ventas y el ejercicio político y de gobierno, saben que para alcanzar sus objetivos tienen que echar mano de dos herramientas: recolectar información y entablar relaciones.

Todo tiene que ver con la interacción, todo tiene que ver con las relaciones entabladas: *"Te inscribo en mi club (...) me quedo con tu nombre, te incluyo en mi base de datos (...) y entonces maximizo mi utilidad"* (Baena, 1998: 159). Usar la información para orientar la relación, para que se ejecute determinada acción: comprar, hablar bien de nosotros, defendernos, donar, votar, por ejemplo.

Como se ha señalado, si pretendes que tus clientes, se conviertan en simpatizantes o embajadores de la marca, forzosamente tienes que generar un vínculo sentimental con ellos. Debes comenzar con un favor pequeño e insignificante, ya que aceptó, el segundo favor es menos rechazado. Esto es lo que salvó a *PUMA*, la empresa alemana de deportes durante su bache en los noventas, los seguidores fieles que no dejaron que la marca muriera. Cuando los clientes nos abandonan, es porque *"en el fondo no sienten que la relación (...) sea sólida, honesta o favorable"* (Herrera, 2016 [2004]: 15).

Y algo que se debe tener presente es, que como en cualquier relación, el cliente está esperando recibir más de lo que compró, o más de lo que significaba su decisión. Por tanto, no estás generando un cliente si no ofrece una experiencia más allá del producto, sólo lograste una venta, pero los negocios actuales no viven de las ventas, sino de la fidelidad de la clientela. Recuerde que, opciones que venden lo mismo que usted hay muchas allá afuera; y entre más saturado sea ese mercado, más complicado será vender. Por ende, debes ofrecer algo extra, una variante, algo que haga sentir especial, que sea un valor agregado.

Las personas rara vez están conscientes de las motivaciones que condicionan sus actos (Bernays, 2005 [1928]: 74 y 75). Lo que ocurre es que primero tomamos una decisión impulsiva, por instinto, porque la asociamos con algo bueno en nuestro pasado, o con lo que nos sentimos cómodos. Cialdini (2007 [1984]), partiendo de Festinger (1957) dice entonces, que una vez que ya tomamos la decisión, la justificamos, aunque sea irracional o a todas luces mala.

Cuando al fin se generan las pequeñas comunidades de seguidores, la inserción de mensajes se vuelve un proceso fácil, pues existen ya los canales de comunicación que respaldan y velan para que estos sean compartidos con su destinatario final. De hecho, no sólo vigilan que el mensaje llegue, sino que magnifican, justifican y defienden el mensaje.

¿Cómo se logra este grado de lealtad? Según Cialdini (2007 [1984]) todo depende de cómo una persona se convierte en afiliado del club, miembro del movimiento y de la sistematización en las pruebas sociales que ejercen los liderazgos. Según esta teoría sobre la persuasión de la que habla Cialdini, entre más doloroso sea el rito de afiliación, más lealtad se consigue por parte de la organización. Posteriormente, los liderazgos van demandando trabajo por parte del nuevo miembro, labor que comienza a ejecutarse por una presión social del grupo. Es cuando entra el principio de la coherencia, pues a la gente no le gusta quedar mal ante los demás, por tanto una vez que hace el primer esfuerzo, es más posible que hagan más trabajo en el futuro.

Apodérate de la mente del consumidor y te has apoderado de su persona. (DeMarco. 2018 [2011]). Dicen Kotler y Armstrong (2012 [1980]: 35) *"cuando usted ama a sus clientes, ellos también lo hacen."* Las marcas serias lo saben, Andrés Manuel lo sabe: *"el pueblo es sabio," "el pueblo bueno," "las benditas redes sociales."*

Ese amor paternal siempre ha sido efectivo para hacer que los seguidores sean fieles. Sun Tzu decía de un comandante persuasivo: *"(l)os quiere como sus hijos y ellos están dispuestos a morir con él"* (2000 [siglo V a.C.]: 115). Como dicen estos autores, a las personas que hablan bien de nuestro producto se les considera como verdaderos hijos, amigos, apóstoles y hasta evangelistas.

Claro, esta connotación religiosa es adecuada, porque se trata de los clientes fieles, que son *"los verdaderos creyentes que comparten la palabra como un misionero."* En su texto Kotler y Armstrong, sugieren que la empresa aeronáutica *JetBlue* ha formado este tipo de clientes a través de una barra libre de café y bocadillos, que terminan paliando otros inconvenientes. Igualmente, su personal está instruido para cumplir la meta de que las personas no sólo realicen un viaje en sus aviones, sino que sean felices.

La victoria de Andrés Manuel, no podría entenderse si no hubiera logrado una conversión paulatina de creyentes. Tras su derrota en 2006, mucha gente se decepcionó de él porque no esperaban que fuera a cerrar la avenida Paseo de la Reforma, una arteria importantísima en la Ciudad de México. Así que posteriormente a esto, su estrategia no fue suavizar su discurso, sino autoproclamarse "presidente legítimo," con la idea de que sería un auditor del gobierno de Felipe Calderón.

Su campaña nunca terminó, fue sumando más gente poco a poco, la estrategia siempre fue la misma, poner en duda la calidad moral del gobierno del PAN y de paso hacer ver al PRI, como parte de la misma "mafia." A medida que la gente puso en duda la legitimidad del PAN y posteriormente al 2012, la del PRI, fueron convenciéndose de que había sido un error no haber votado por Andrés Manuel.

Desde mediados del sexenio de Peña Nieto se escuchaba el comercial que decía: "Estaríamos mejor con López Obrador." Esta idea repetitiva fue aceptada cada vez por más gente, que se desanimaba y dejaba de creer en la administración encabezada por Peña Nieto. Como señala Festinger (1957: 21) se fue generando una realidad social aceptada: Todo estaba mal con el gobierno en turno.

Así las redes sociodigitales fueron ganadas por el discurso de Andrés Manuel con antelación a la campaña formal rumbo al 2018, era común que mucha gente invirtiera tiempo compartiendo memes y noticias en contra de Peña Nieto y su familia, o de Calderón y de los demás partidos opositores. Mucha gente fue convirtiéndose a favor de la causa de Andrés Manuel, que hacia lógica con lo que percibían, que existía un mal endémico, el cual fue señalado como "**la corrupción.**"

Gente nueva se sumó rápidamente a los que ya habían sido convencidos y fidelizados en la capital del país, desde que él fuera el jefe de gobierno, seguido de la administración de su colega Marcelo Ebrard. Entonces, la tarea de su campaña ininterrumpida era reforzar el mensaje que, por un lado infundía miedo y desprecio a los anteriores gobiernos, mientras que por el otro ofrecía desde el 2006 la idea de una esperanza.

Bien señala Sun Tzu, no hay nada mejor que encontrar personas desesperadas para sumar a tus tropas. Pues si están dispuestas a morir, son capaces de hacer todo y dan lo mejor de sí en combate. *"En una situación desesperada no temerán a nada; cuando no haya salida, aguantarán a pie firme,"* estas tropas se adherirán automáticamente (2000 [Siglo V a.C.]: 126 y 127). Por ello, la campaña de Andrés Manuel en todo momento estuvo enfocada a recrudecer el ánimo nacional, señalando que el "prian" era el gran responsable de un situación insostenible, cuya base era la corrupción. En sus discursos el objetivo era dejar en claro, que México atravesaba por una situación desesperada.

Para esto, se montó un equipo digital mucho más efectivo que el de las campañas del 2006 y 2012, para darle a la gente lo que estaba buscando: Información en contra de las anteriores administraciones y más razones para votar por Andrés Manuel. Esto se consumió como pan caliente y fue compartido a través de las redes sociodigitales y mensajes instantáneos en el teléfono, en un inicio, para que a la par se convirtieran en temas de charlas casuales, e incluso en reuniones sociales. Cada persona que hablaba bien de Andrés Manuel, se convertía en un predicador de su campaña, los mensajes eran tan sencillos que fácilmente eran reproducidos.

La disonancia cobra fuerza cuando un asunto particular no sólo causa estrés personal, sino que además la información o datos que posee no permite su participación en el grupo. Esto se debe a que el grupo tampoco acepta esos datos porque pueden contradecir sus creencias. La magnitud de la disonancia, además, va a depender del grado de importancia que le demos a los elementos en juego (Festinger, 1957: 13 y 16).

Por ejemplo, para una madre es complicado aceptar que un hijo sea un delincuente; la reacción inevitablemente en un principio será la de negarlo, restarle importancia o incluso justificarlo. Lo que es importante para nosotros, tiene que ver con el grado de inversión que hemos realizado sobre la elección. La inversión emocional que se ha generado al criar un hijo, es descomunalmente mayor que la inversión que se ha hecho en comprar un determinado suavizante de ropa. Por eso, es más fácil que tras una campaña de marketing, en algún punto, la misma persona pueda comprar su producto, mientras que se negará a aceptar que su hijo es un maleante. El grado de inversión económica, afectiva o simbólica es absolutamente determinante.

La única manera en que una persona puede llegar a cambiar su posición respecto al objeto de la disonancia es que, físicamente sea insostenible o que otros, de su mismo grupo comiencen a aceptar una opinión diferente (Festinger, 1957: 21). Es decir, por más que estemos convencidos de que es un clima hermoso para un día de campo, si está lloviendo tendremos que retractarnos de esa afirmación. Por otro lado, la madre reconocerá que su hijo es una persona nociva, hasta que otros miembros de su familia o sus amistades más cercanas acepten las acusaciones o incluso hayan sido testigos de su mala conducta.

Así, tu papel es hacer que el prospecto invierta en ti, en tu marca o servicio. Las personas que apoyaron a Andrés Manuel desde la marcha contra el desafuero son mucho más proclives a que a pesar del paso de los años, sientan una complicidad tan fuerte con el político, que hará imposible que cambien de opinión pues han invertido mucho. Hay mucho en juego para ellos, cada vez que alguien lo llega a criticar, o cuando alguien pone en duda su calidad moral o su capacidad como gobernante.

Ese cambio en la auto-imagen, se afianza con ese contrato emocional que se generó al tomar una decisión, invertir en ella y tratar de ser consistente con la misma. Se trata de un sentido de pertenencia. Poniendo en perspectiva, podemos verificar por qué el PRD no pudo obtener ni el 3% de la votación nacional, mientras que Andrés Manuel arrasó. Por su parte Andrés

Manuel, se dio cuenta que no iba a lograr esa identificación con la gente, si no pasaba de la afiliación en un papel de suscriptor, a la acción directa.

A pesar de que el PRD fue el instituto que albergó su candidatura como Jefe de Gobierno del DF en 2000, su gran campaña presidencial en 2006 y su intento en 2012; nunca pudo generar una identidad tan fuerte entre sus agremiados. Como señala Baena (1998: 62) la identidad es un mecanismo que puede fallar, sobre todo cuando no hay un llamado constante a la acción, cuando no se mantiene ese vínculo con regularidad. Los feligreses del PRD dejaron de creer en el partido cuando vieron que preferían negociar con otros partidos para simplemente sobrevivir.

Como señala Kotter (2009 [2008]), la gente dejó de sentir ese sentido de urgencia, esa emergencia que lleva a la acción. Cuando las marcas dejan de establecer contacto con sus clientes, pueden perder fácilmente su fidelidad y pueden voltear a la compañía de al lado para satisfacer sus necesidades. Muchos integrantes y simpatizantes de los demás partidos voltearon a ver a Morena como una opción para seguir adelante, para continuar su lucha ante ese estímulo que significa la desesperación.

A partir del 2011 durante la conformación de Morena se propagó la idea de que era una organización austera, anclada en la creencia de que representaba una esperanza a la desesperada situación. Quienes participaron desde un inicio en el partido, aseguran que ante la falta de recursos económicos, se les pedía a los nuevos militantes que aportaran dinero incluso para pagar el alquiler de las sedes, así como la papelería y gastos de oficina. Estas personas sentirán que su grado de inversión no fue sólo emocional o simbólico, sino incluso económico; y por lo tanto, son menos proclives a escuchar las críticas hacia Andrés Manuel y Morena.

Y hay que recordar que tras la protesta de 1996, en la cual Andrés Manuel tomó pozos petroleros de Pemex en Tabasco, apareció en la portada de la revista Proceso (12.02.1996) con manchas de sangre, allí él pudo constatar que **a la gente se le puede pedir todo**. Redacta Mejía (2018: 113) que cuando se le preguntaba a Andrés Manuel sobre la razón de su herida contestó: *"(...) me dieron un macanazo (...) El hecho de que llegue la policía y la gente se haga a un lado, de que detengan a los hombres y las mujeres digan que también quieren ir presas, muestra que hay una voluntad colectiva (...) Todos estamos dispuestos a ir a la cárcel."*

De ahí viene su táctica de convocar a la "resistencia civil pacífica" como un medio de convocatoria y apoyo efectivo. Cuando Andrés Manuel se dio cuenta que a la gente le gusta apoyar no a una marca, sino a ideales y personas que los representan, nos hace darnos cuenta, que las marcas deben hacer lo mismo, aprender a movilizar a sus fieles. *"El gran elemento diferenciador en la trayectoria de Andrés Manuel ha sido y es apoyarse en la movilización y desde ahí negociar"* (Ramírez, C., en Letras Libres: 01.06.2012).

Cuando busques incrementar el valor de tu marca, es indispensable que pienses en cómo mejorar la calidad y el servicio, pero además, cómo hacer que tu marca exprese los valores e ideales del público al que te estás dirigiendo. Eso genera identidad y lealtad, como para que puedas hacer un llamado a la acción, como para que la misma gente defienda tu marca, porque se trata de una identidad, no sólo de un producto.

Llamar a la gente a la acción es algo que Andrés Manuel, convirtió en un hábito. La defensa a su candidatura por la ciudad de México en el 2000, la protesta por el desafuero en 2005, la llamada a realizar el plantón de Reforma en 2006 muestran grandes similitudes con la lección aprendida en la trifulca de 1996. Andrés Manuel ha sido capaz de hacer que la gente, sus seguidores, lo esperaran hasta altas horas de la noche del 1° de julio (2018) en medio de una lluvia pesada, para escucharlo por fin anunciar su victoria presidencial. La gente que fue tocada por esa lluvia hizo una inversión y generó un contrato emocional mayor, no dejarán de apoyar su causa.

Para León Festinger (1957: 3, 9-11), todas las personas tenemos un esquema de valores, conocimientos y opiniones, con lo cual diferenciamos lo que está bien de lo que está mal. Pero, se presentan ocasiones donde a pesar de saber la diferencia, nos hemos decantado por una decisión que sabemos que es mala. Esto nos hace sentir mal, con incomodidad, a esas inconsistencias Festinger les llama disonancia. Por otro lado, cuando nos hemos convencido de que algo está bien, entonces sentimos confort y tratamos de ser consistentes, es decir, tratamos de estar en consonancia con la decisión.

Según Festinger, la persona al padecer la disonancia tratará de reducirla hasta lograr la consonancia. Pero cuando la disonancia está presente de forma persistente, el individuo evitará, en la medida de lo posible, las situaciones y la información que acrescente la incomodidad.

Quizá sin saberlo, los expertos en marketing, Ries y Trout (1994: 35) aseguran que una vez que la persona ya tomó una decisión, será casi imposible que cambie de idea. De hecho, lo que harás en tu intento desesperado por cambiar su parecer, es que el sujeto refuerce la idea que tiene sobre tu marca y que su elección fue la correcta.

Un ejemplo es el hábito de fumar, pese a conocer las consecuencias perjudiciales y hasta letales, cuando la persona posee el hábito, odia que los demás le recuerden las consecuencias, pues siente esa disonancia. La respuesta esperada es que haga comentarios como "de todas formas voy a morir," para estar en consonancia con su decisión. Además evitará hablar de ello, para no sentir la disonancia.

Además, la disonancia provoca los mismos síntomas que cuando tenemos hambre, sed, frustración o desequilibrio. Por ejemplo, cuando tienes hambre, se desata el impulso por llenar el vacío en el estómago. Lo mismo pasa con la disonancia cognitiva, cuando hay algo que nos contraria, que no nos hace sentirnos cómodos con nuestra decisión, entonces estamos motivados para evadir esos mensajes.

Por ejemplo, si hemos comprado un auto muy caro, y después escuchamos que un crítico en la televisión habla mal de él, entonces muy probablemente evitaremos su programa y en el momento le cambiarás de canal. O cuando una muchacha enamorada escucha que su nuevo novio ha sido un patán con otras chicas, probablemente descalificará a las otras chicas y tratará de evadir ese punto en la conversación o incluso lo defenderá. Es una actuación de devoción a la persona, a la marca, a lo que representa su ideal, al grado que prefiere ignorar la crítica, porque en su lógica es fiel a la decisión que ella misma tomó.

9. Repartir el queso

Primer paso, conseguir queso. Esto nos recuerda que la primera regla es llegar primero para que haya qué repartir. Muchas veces, lo que hay que repartir, no es tangible, así que no te preocupes si no tienes cómo hacerte de recursos. Por ejemplo, cuando Sun Tzu hablaba de apoderarse de un territorio adecuado para enfrentarse en una batalla, lo que está diciendo es que, el que llegue primero va a repartirle opciones al contrincante para arribar al enfrentamiento en las peores condiciones. En el caso de las tropas y aliados, se reparten promesas de tierras o riquezas, o si lo que se anhela es libertad y se describe cómo mejorarán sus vidas.

Luego, hay que considerar para qué vamos a repartirles queso. ¿Cuál es el objetivo? Tenemos diferentes *stakeholders* que satisfacer, interesados en nuestra marca o negocio, internos y externos. ¿Qué le interesa a cada uno de ellos obtener de nosotros?

En trabajos como los de De la Rosa y Contreras (2007), Pérez Rojas (2017) y Pettitt (en Lees-Marshment, 2012) se realizan analogías de los *stakeholders* típicos de un partido político con respecto a otro tipo de organizaciones. La figura de los *stakeholders* o interesados en la organización parte del sector empresarial, en donde se identifica a los personajes que intervienen y buscan el cumplimiento de sus propios intereses a través de la misma. En este caso, retomamos el modelo descrito por Pettitt, donde se hace una clara división entre los interesados internos y externos de cualquier partido, que se asemeja mucho a lo que sucede en cualquier empresa.

Entre los interesados internos se encuentran los funcionarios que trabajan en las oficinas centrales del partido, los políticos que tienen cargos públicos y los equipos de ejecución en campo (militantes, voluntarios y simpatizantes fieles que ayudan en la promoción y/o recaudación de fondos). Entre los interesados externos están los consultores de campaña, los medios de comunicación, los mismos votantes, las asociaciones de intereses y las instituciones (privadas o gubernamentales y regulatorias). Así es como se identifican los *stakeholders* en cualquier organización.

Primero hablaré de las opciones que debes otorgar a los clientes, al público, al votante. Y posteriormente hablaré sobre los incentivos que debes ofrecer a los clientes internos, tu equipo de trabajo.

Sobre la repartición de opciones para tu población objetivo. Dicen Greene y Elffers (2010 [1998]: 319): *"El mejor engaño es aquel que aparenta ofrecer opciones al otro: sus víctimas sienten que controlan la situación, pero en realidad no son sino títeres en sus hábiles manos."* Cuando la situación lo permita, adelántate para presentar las opciones que mejor convengan a ti y a tu contraparte. Sin embargo, si el objetivo es complejo, en tal caso debes presentar opciones a tu público donde quede claro cuál es el menor de los males.

No puedes presentar las opciones, si no ganas antes el debate público, si no accedes a los medios de comunicación adecuados en donde se encuentra tu audiencia, en el terreno de la opinión pública. En la campaña del 2018, es obvio, que Andrés Manuel tenía ganados esos canales con mucha anticipación a sus adversarios. A partir de esa posición, en la que tenía los reflectores sobre él, comenzó a develar las opciones que tenían sus votantes: salir a votar por él o soportar otros seis años de corrupción.

Al momento de tratar con un cliente, al igual que con un votante, el político o empresario, debe tener opciones que ofrecer, de otra forma no tendrá el control del queso que quiere repartir. Hay que ayudarle al cliente a que tome decisiones de manera gentil, sutil, graciosa, amistosa, en confianza. Se le debe dejar en claro que la decisión es de él y no tuya.

Para los clientes, y en general, cuando se trata de votantes con menos conocimientos, estas opciones son un gran aliciente para tomar una decisión. Incluso, para personas con mayor conocimiento en el tema, producto, servicio, las opciones representan un universo definido, en el cual tienen idea clara de la oferta que está de frente y lo agradecen. Vaya que lo agradecerán, porque tras varios experimentos científicos, se ha comprobado que la toma de una decisión es un proceso doloroso que provoca el mismo dolor que el pinchazo de un alfiler en el dedo.

Las opciones que Andrés Manuel repartiría en campaña, por supuesto, tenían que dar ventaja a su discurso de esperanza. Por tanto, las opciones que tenían que repetirle se enfocaban en el "cambio verdadero" frente a la continuidad que representaban los otros candidatos, a los cuales redujo como "la mafia del poder." Esto simplificó aún más la decisión que se debía tomar, es decir las opciones eran Andrés Manuel y el cambio, o "la mafia del poder" y su corrupción. Y de hecho, todos los demás candidatos jamás pudieron separarse de esa simplificación.

Ahora, como ya se revisó, una vez que el negocio logra una venta, el siguiente paso es tratar de ganar un cliente, es decir, que esa persona te vuelva a comprar de manera recurrente. Una vez ganada la elección para Jefe de Gobierno en el 2000, Andrés Manuel, se dio cuenta que la generación de personas fieles era una necesidad si quería ser Presidente de México.

Por tanto recurrió a generar clientelas de votantes, que fueron obtenidos con diversos programas sociales en la CDMX. Entre los más exitosos, estuvieron los apoyos a las madres solteras, las becas para estudiantes, pero principalmente el programa de adultos mayores. Cualquier familia que contaba con un adulto mayor se sentía agradecida con esta política y su promotor, pues ese pequeño gasto era un alivio, porque era algo que se ahorraban los demás miembros de la familia, por tanto su poder para generar reciprocidad o compromiso emocional, era exponencial.

¿Cuál es la lección? Que si tú tienes un producto o un servicio, identifica muy bien quiénes son tus clientes recurrentes. Porque a esos, hay que consentirlos, hay que volverlos apóstoles de la marca, que hablen bien, que inviten a sus amigos a creer en el producto o servicio. Descuentos, cupones, invitaciones especiales, detalles en navidad o fechas importantes como su cumpleaños. No esperan recibir nada de una marca, así que aquella que lo hace se gana sus corazones. Se vuelve especial, por supuesto.

Desde la campaña hacia el 2018, la oferta electoral más recurrente de Andrés Manuel fueron los apoyos económicos a diversos sectores de las sociedad: campesinos, jóvenes sin empleo, adultos mayores, entre otros. Una vez en el poder, es una oferta que mantiene y le da resultados electorales a Morena, su partido.

El gran truco del marketing moderno está en darle a entender al cliente que es él quien llega a buscarnos con libertad, que tiene el derecho a elegir y que es él quien toma la decisión; porque eso le hace sentir que tiene el control. A la vez, se le generan "sugerencias" para reducir las posibilidades de respuesta, se le explican las ventajas de las opciones que se le muestran. En realidad, la clave está en la generación de esas opciones, que el cliente finalmente tomará; opciones que hemos configurado previamente para que sigan representando rentabilidad para nosotros.

La estrategia de Andrés Manuel, no fue distinta a la de otros candidatos exitosos en la historia. Siempre se sabe que al inicio de las campañas se fija una postura recalcitrante dirigida al núcleo duro de electores. Porque lo primero que debes hacer es asegurar tu clientela base, la que ya es cautiva y fidelizarla; a medida que se desarrolla la campaña, se tiende hacia un discurso más céntrico. Finalmente, siguen en la lista los "independientes", los que aún no deciden, ya que son a los que se puede persuadir. Así hasta alcanzar nuevas capas de posibles "compradores" de la oferta.

Con una base construida se procede a la expansión (Bernays, 2005 [1928]: 94). Una vez que Andrés Manuel había asegurado su base, tuvo que ir despejando las dudas sobre él, ante sectores afines que pudieran ser alcanzados por su discurso de izquierda moderada, o bien que tuvieran un resentimiento hacia los gobiernos anteriores del PRI o del PAN.

Bajo esa lógica, toca describir qué fue lo que sucedió con los *stakeholders* internos, con todos aquellos que se sumaron a Morena para apoyar a Andrés Manuel en 2018. Esta es una evolución, pues en las campañas de 2006 y 2012, su flexibilización discursiva no se movió tan notoriamente hacia el centro, incluso a la derecha. Nunca se pensaría que su campaña terminaría incluyendo a personajes tan polémicos y que alguna vez fueron considerados "enemigos de la izquierda" como Manuel Bartlett, Esteban Moctezuma, Elba Esther Gordillo, Tatiana Clouthier, Germán Martínez y un largo etcétera.

Pero la generación de alianzas con antiguos enemigos es una táctica milenaria. Incluso el mismo hecho de no cerrar las puertas a los perredistas más rijosos, les dio una opción de escape, en la cual se presentó un éxodo importante que se sumó a Morena. Sun Tzu cita a Chang Yu: "*Me uno con aliados poderosos, ofreciéndoles objetos preciosos y sedas, y los comprometo con pactos solemnes. Respeto los tratados y así, tengo la seguridad de que contaré con su ayuda*" (2000 [Siglo V a.C.]: 123). Ofrezca y reparta a sus trabajadores y aliados: queso, riquezas, cupones, promociones, colores, sabores, cargos, poder o algo que deseen.

Bien dicen que la política se trata de expandir tu grupo, no de mantener una pureza ideológica que a la larga es estéril; finalmente se gana voto por voto (Stone, 2018: 94). Pero esta es una forma de influencia reconocida por Bernays con mucho tiempo de anterioridad (2005 [1928]: 73). Él decía que si puedes influenciar a los líderes, con su cooperación consciente o no, en automático se influenciará a su grupo de seguidores. Según esta perspectiva, es incorrecto pensar que realmente los seguidores reflexionan, más bien tienen impulsos, hábitos y emociones; así, el primer impulso de peso es seguir el ejemplo de sus líderes de confianza.

No es de sorprender que una vez que ha ganado, el discurso de Andrés Manuel sea quizá hasta opuesto a las propuestas más radicales que hizo al principio de su campaña. Ahora, las posturas han tenido que matizarse para tratar de tocar a sectores pequeños, pero clave para la gobernabilidad en México, como pueden ser los medios de comunicación y los empresarios, que siempre le han visto con desconfianza.

Andrés Manuel comprende muy bien este principio. Por ese motivo, algunas de sus posiciones clave, sugeridas para conformar su gabinete en 2018, llevan el sello de la influencia estimulada. En el ejemplo que cita Bernays (2005 [1928]: 76), sobre la influencia para que en los EEUU se consumiera *bacon* (tocino en México), se echó mano de reconocidos doctores para que recomendaran una dieta fuerte para el desayuno, que evidentemente mencionaba el *bacon*.

Así, cuando los críticos de Andrés Manuel le reviraron que no sabía nada de economía, invitó a su gabinete a Gerardo Esquivel, un analista económico de buena reputación entre los académicos. Lo mismo hizo con el Banco de México y la invitación a Jonathan Heath, con 30 años dedicados al análisis de las proyecciones económicas en México.

Llevar un orden y registro fue una lección que aprendió Andrés Manuel tras la derrota que sufrió como candidato para gobernador del Estado de Tabasco. Contienda que perdió contra el candidato del PRI, Salvador Neme. Según el propio Andrés Manuel, como candidato del Frente Democrático Nacional (FDN), el gobierno actuó en su contra, pues expulsaron a sus representantes de casilla, con lo cual supuestamente llenaron las boletas a favor del candidato del PRI.

Otras experiencias posteriores, ya como miembro del PRD, le enseñaron que en una elección se debe tener control total de los recursos humanos y monetarios durante todo el proceso de una campaña política. En 1994 volvió a competir por la gubernatura de Tabasco y esa vez fue derrotado por Roberto Madrazo del PRI. Su solución fue la creación de las "Brigadas del Sol," haciendo referencia al partido del Sol Azteca, que es como también se le conocía al PRD.

"Brigadas del Sol," fue una estructura puesta en marcha hacia 1996 por el propio Andrés Manuel, como presidente del PRD. Pese a ello, este partido no podía actuar con eficacia en el terreno de la práctica política, pues siempre estaba dividido por corrientes, por profundas brechas ideológicas internas, por fracciones de poder. Sin embargo, Andrés Manuel, quien vive un liderazgo que no se preocupa tanto por los qué, sino de los cómo, supo aprovecharlo

Pues bien, las Brigadas del Sol son los antepasados de lo que hoy conocemos como el Partido Morena. En su momento, fue la solución para hacerse de una estructura que pudiera apoyar en la promoción y defensa del voto perredista, su estrategia fue puesta en práctica en las elecciones de Guerrero, Estado de México, Hidalgo y Morelos en 1997. Con esta estrategia el partido logró posicionar una estrategia partidista por encima de los intereses de las camarillas locales del PRD.

Según Proceso (19.07.1997), en las elecciones intermedias de 1997 fue donde se palpó el peso que tuvo Andrés Manuel en la implantación de las Brigadas del Sol y también donde se apreció mejor su funcionamiento. El plan original era desplegar las brigadas en 150 distritos electorales, pero el tabasqueño presionó para que se cubrieran los 300 distritos que estaban en disputa. Si bien su funcionamiento estaba siendo cuestionado, finalmente se sometieron a la instrucción central de Andrés Manuel, pues centralizó los recursos.

¿Cómo lo hizo? Los brigadistas podían o no ser miembros del PRD, pero se les garantizaba un pago de 300 pesos quincenales. Acción que fue criticada por Amalia García, quien posteriormente sería la presidenta del partido, pues según ella, manejar una estructura motivada por el pago quincenal, volvía a los participantes proclives a apoyar a alguien que les pagara más. La eficacia de esta estrategia, evidencia el carácter pragmático de Andrés Manuel y su manera de ejecutar una campaña sobre la base del control central administrativo, más allá de ideologías y discursos, que en la ejecución pueden ser imprácticos.

Andrés Manuel desde que creó la iniciativa Morena, sabía exactamente hacia dónde se dirigía. Él quería un partido donde tuviera el control absoluto de su queso, por eso no le servía ya el PRD, precisamente, porque en ese instituto cada corriente se servía a sí misma. Al engendrar Morena, se aseguró que él fuera la cabeza incuestionable del partido, para que los demás agremiados no se atrevieran a confrontarlo. En un momento tenso, Monreal amenazó con abandonar Morena cuando no le dieron la candidatura para la Ciudad de México, pero tuvo que someterse porque ya vislumbraba la fuerza que estaba acumulando Andrés Manuel, no precisamente Morena por sí misma.

La victoria de Andrés Manuel, quizá nunca hubiera sido posible sin Morena. Debía tener lo que en el PRD nunca logró, control absoluto de lo que entraba y salía de la organización. Si no controlas el sistema, el financiamiento y la marca, entonces no controlas nada. Si quieres generar un negocio rentable no trabajes para una franquicia, genera tu propia franquicia. De hecho, un país nunca supera sus limitaciones económicas si no genera sus propios negocios, legales y lucrativos.

Una prueba contundente de que la campaña de 2018 tuvo una estrategia sólida, es que sus redes sociales, crecieron orgánicamente de una forma exponencial. Es una gran demostración sobre el despliegue de marketing omnicanal, pues las comunidades que se fueron creando, sirvieron en su defensa coherentemente, tanto en las redes sociales como en la campaña en tierra. Las comunidades de Morena o del propio Andrés Manuel, colaboraron a la par con el desarrollo de la campaña, posicionando temas y generando tendencias que superaron los canales convencionales de comunicación como la radio y la televisión. En la historia de México, podemos decir que fue la segunda campaña que realmente integró una estrategia coordinada entre el trabajo sociodigital y el trabajo en campo; la primera fue la campaña de Peña Nieto en 2012.

Una vez, que ya había ganado la Presidencia, en octubre de 2018, Andrés Manuel dijo que su gobierno comenzaría a recabar datos para integrar un censo de personas que podrían beneficiarse con los apoyos del gobierno, y que esta tarea sería llevada a cabo por un ejército de "siervos de la nación" identificados con gorras y chalecos con imágenes de personajes históricos de la historia de México (méxico.com 20.09.2018). Según la cifra estimada, nada más y nada menos que 20 mil "siervos", personas que habían colaborado con la campaña en tierra; para que te des cuenta de la magnitud de la estructura y volumen de su campaña.

Al igual que en la empresa, una campaña política puede asemejarse a una campaña de marketing, como cuando buscamos posicionar la marca en general, o la introducción o reposicionamiento de un producto específico. Como se puede verificar en el trabajo de Carville y Begala (2003: 82-93), asesores de campaña de Bill Clinton en 1992, las campañas modernas se han estandarizado. Se parte de un análisis de los requerimientos de los votantes, y la estrategia se traza en las oficinas centrales del partido al lado de consultores expertos. Los miembros y los activistas rara vez son consultados y sólo son incluidos hasta la etapa de ejecución en campo.

Este modelo, lo mismo ha sido utilizado en campañas exitosas que en campañas desastrosas. **La clave ha sido la aceptación del mensaje por parte de los interesados inmediatos, es decir, entre aquellos que son los medios de ejecución local de una campaña.** Por ejemplo, la campaña de Obama en 2008 encontró concordancia entre el mensaje central, los militantes y activistas que hicieron el trabajo de campo. Por otro lado, a pesar de que se siguió el mismo modelo, la campaña de Hillary Clinton en 2016 no fue lo suficientemente buena y perdió.

¿Qué hacer entonces, para que los militantes, activistas y los simpatizantes contribuyan con esmero y coherencia con la campaña o cualquier objetivo del partido? Por contradictorio que pueda sonar, la respuesta no está en regresar a la democracia ideal a través de asambleas concurridas, e incluir a todos en el diseño de la estrategia partidista, jamás llegarían a la operación. Lo que dice Pettitt (en Lees-Marshment, 2012: 142) es que deben existir **incentivos**, que pueden ser materiales o intangibles para los ejecutores. Esto es lo que ahora hacen las marcas reconocidas, le dan herramientas al usuario para que por su propia voluntad pueda convertirse en un promotor de su marca.

La aplicación de incentivos selectivos, tiene que ver con el acceso a "logros o beneficios" que se generan sólo a partir del activismo. De esta manera, se busca que tanto los trabajadores, los políticos locales, los militantes y los simpatizantes, se sumen de forma coordinada al trabajo duro que implican las campañas. ¿Y qué sucede con la empresa privada? No cabe duda que la labor de promoción de cualquier negocio parte de la publicidad pagada, sea a través de los medios o de promotores entrenados específicamente para hacer las labores de conversión en tierra, y más recientemente con el pago a *influencers* o personajes famosos.

Entonces, puede ser que la empresa privada pueda generar nuevas estrategias de marketing a partir de la experiencia de las campañas políticas. Pettitt diferencia cinco posibles modelos para incentivar la participación en campo, en el caso de una campaña política: 1) Pagarles, 2) darle a los interesados lo que quieren, 3) generar un buque vacío, 4) usar una democracia vacía pero dignificante y 5) la democracia real consultiva (Pettitt en Lees-Marshment, 2012: 143-147).

1) **Pagarles.** Es un incentivo monetario, es la opción más simple, pero también la más costosa. Requiere de poca negociación y labor de convencimiento por parte de las instrucciones centrales del partido o de la organización. Las restricciones se relacionan con la capacidad financiera de la organización, las regulaciones estatales en las precampañas y los topes de gastos, en el caso de los partidos.

Como toda la literatura en ciencia política, se sabe que los voluntarios genuinos, aquellos que trabajan por convicción, siempre lo harán mejor que los alquilados (una regla en el caso de Maquiavelo 2001 [1532]: 88 y 89). Pagar por los servicios de publicidad es la forma más común y de fácil ejecución para cualquier negocio.

2)   ***Darle a los interesados lo que quieren.*** Se le considera como la estrategia de base en la política. Contempla ofrecer los incentivos con la mayor precisión posible, buscando entre las asociaciones civiles que apoyan al partido, los activistas y simpatizantes más cercanos.

Por ejemplo, en los años 80s en Europa occidental, los partidos verdes proponían exactamente lo que sus simpatizantes querían: desnuclearización, más parques, mejores autovías e ir en contra de las políticas económicas centrales (véase Kitschelt, 1989). Este es un método muy útil para partidos pequeños, en formación o enfocados en nichos reducidos.

Por su parte, la empresa enfocada en nichos específicos de mercado, puede generar una audiencia mucho más fiel, si atiende las peticiones de su clientela. Ciertamente, un cliente que encuentra en tu producto o servicio la satisfacción plena de sus necesidades, se convertirá en un promotor voluntario de tu marca.

3)   ***Generar un buque vacío.*** También se le llama la "generalidad brillante," implica generar un producto o propuesta que suena muy bien, aunque tenga poco contenido real. Bajo esta lógica, la idea de campaña ofrece una solución requerida por amplios sectores de la sociedad, no sólo los simpatizantes. Se construye una idea tan vaga que los votantes la adaptan bajo su propia interpretación. Esta lógica se le atribuye la estrategia de campaña de Clinton en 1992, que giró alrededor de los conceptos de "la tercera vía" y "el nuevo centro." Más adelante Obama en el 2008 utilizó "yes we can," que en la práctica nadie descifró a lo que se refería con exactitud. ¿Poco ético? sí, pero efectivo, sus activistas se enamoraron de estas frases y las defendieron a muerte.

Definitivamente, esta es una estrategia que no te recomiendo utilizar nunca, en ningún tipo de negocio. Si bien en la política sirve para llegar a ganar una elección, en la empresa puede dar resultados catastróficos a la larga. De hecho, la gran diferencia entre una venta y un negocio, radica en que el comprador no se sienta defraudado, por tanto, nunca debes hacer promesas vacías de lo que representa tu producto. Un político normal, puede ganar una elección y ser olvidado en cuanto sea tomado por impostor. Un político de miras, un político que es apreciado, es aquel al que se le reconoce congruencia a través de una trayectoria, no de un acto. Lo mismo pasa con el tratamiento de la marca.

4)   ***Democracia vacía pero dignificante.*** Parte del principio de que las personas se sienten más especiales cuando son tomadas en cuenta. En el sistema partidista británico, se considera que existen partes de "dignidad" y partes de "efectividad." Los simpatizantes más comprometidos suelen ser atendidos e invitados a actos consultivos, y en ocasiones se les deja completamente a cargo de circunscripciones donde el partido no tiene posibilidades reales de competir. Así, los territorios con posibilidades reales de ganar son operados por sus "soldados" efectivos.

Al manejar un negocio, puedes generar muchas expectativas cuando hay gente voluntaria que está interesada en ayudarte. Sin embargo, no es recomendable que delegues las tareas de promoción a gente que no tenga un vínculo fuerte con tu marca, es decir, una suscripción o que sea dueño de alguno de tus productos.

En este caso, puedes echar mano de esta táctica, que hace énfasis en dignificar a las personas que sin pago alguno quieren formar parte de tu marca. Puedes darle los instrumentos suficientes, como pueden ser panfletos, o algún accesorio exclusivo de la marca, para que ayuden a hacer propaganda no pagada. Sin que su actuar comprometa la imagen de la marca.

Cuando la marca tiene una propuesta única de venta sencilla y comprensible, los voluntarios encajarán fácilmente en el trabajo de promoción. Esto es más complicado cuando se trata de productos complejos, como pueden ser los aparatos de ortodoncia o mobiliario para hospitales.

5)   *Democracia real consultiva.* Idealmente esta es la mejor opción en una asociación política, pues genera un mayor grado de cohesión entre los ejecutores en campo de la campaña. Los activistas estarán más motivados por defender el producto que han elaborado con su participación.

La principal desventaja es que estos procesos son más tardados que la elaboración de una propuesta central unificada y simplemente repartida entre los ejecutores. Cuando se decide hacer un proceso consultivo, usualmente se emplean foros o mesas de discusión. La ventaja, más allá de generar objetivos por consenso, es que se forjan vínculos más fuertes entre los activistas y mejoran la coordinación en la etapa de promoción, pues tienen más elementos para defender la propuesta política.

Sin importar cual sea la estrategia, habrá costos y beneficios. En la práctica, muchas empresas y partidos políticos utilizan una de estas estrategias sin saber la existencia de otras opciones. Los partidos que están al tanto de estos esquemas, consideran primero variables como: el tiempo que tienen para posicionar la campaña; los recursos económicos, la cantidad de afiliados y operadores; su posición política en las localidades, si tienen políticos electos; así como la percepción y los perfiles del votante en las zonas de interés.

10. Original pero pirateable

Usa el nombre más fácil de recordar, el más simple y que sea fácilmente replicable (Ries y Trout, 1994: 17). Trata de que tu marca, en el largo plazo se asocie con una palabra o idea en específico. Andrés Manuel, siempre es y ha sido para muchos: esperanza; esa fue su apuesta desde que fue Jefe de Gobierno de la CDMX (2000-2005). Lo mismo sucede con otras marcas Coca-Cola es felicidad; Frosties (Zucaritas en México), energía; Volvo, seguridad; Knorr, sabor-a-pollo, por citar algunas.

Paradójicamente, un negocio, una oferta o una marca que no se ancla a una simple palabra, dispersa a su público. Por tratar de abarcar más, de ofrecer más, muchos profesionales se andan por las ramas y tratan de simular que su marca ofrece un montón de cosas; porque bajo esa lógica se puede ganar más. El efecto real es el contrario, la gente no puede recordar qué vende esa marca en específico.

Esta miopía de marketing hizo que tanto Meade como Anaya en el 2018, tratarán de ser candidatos para todos los públicos; lo cual nunca pudo generar una identidad entre mucha gente. La publicidad de Andrés Manuel se posicionó como el candidato "honesto;" puede ser correcto si se considera que lo contrario puede ser el adjetivo corrupto en el contexto mexicano, el que oculta sus acciones para obtener beneficio de su posición política. Por otro lado, desde un inicio se vendió la idea de esperanza en su oferta de campaña, que se opone al ostracismo, a la inmovilidad, a la continuidad y a la gran decepción con los gobiernos anteriores.

Dicho de otra manera, la palabra con que busques asociar tu marca, debe tener una contraparte, algo que no es, o algo que no se desea. Por eso, un candidato que se autodenomine, el candidato del sector empresarial, disfrazado del "candidato del empleo" puede funcionar bastante bien; al menos es lo que hizo en 2006 Felipe Calderón. Observa cómo no funciona que identifiques tu marca con conceptos llanos como: bueno, nuevo, diferente, barato, **con leche**, entre otros adjetivos que no te dicen nada. Trata de anclarte en palabras que describan más: calidad, innovación, exótico, súper oferta, **cremosito**. ¿Qué debe pensar la gente cuando escucha el nombre de tu marca?

Las ideas de Andrés Manuel han sido tan simples, pero a la vez tan sólidas, que tienen un tiempo de vida muy amplio, lo cual representa un gran acierto. Cualquier producto tiene un ciclo de vida, en el que existe una introducción, crecimiento, madurez y declive; aunque también es necesario reconocer que existen estilos, modas y tendencias pasajeras (Kotler y Keller, 2006: 323).

La vida mercadológica de la marca Andrés Manuel se ha prolongado por años, gracias a una paradoja: por un lado su marca es simple y fácil de entender, pero contradictoriamente, alrededor de ella existe una constante generación de nuevos temas (serían issues, en el argot de ciencia política) a los cuáles va convirtiendo en pequeños productos consumibles para su clientela fiel. Es una estrategia que entienden bien los consorcios de *fast-moda* como grupo *Inditex*: Todos reconocen la marca *Zara*, por ejemplo, saben qué tipo de ropa van a encontrar, pero siempre hay variantes, nuevas modas, lo cual mantiene al consumidor expectante de la nueva temporada.

Andrés Manuel hace lo mismo que *Zara*, por decirlo claramente: tiene un concepto central consistente, pero regenera los productos consumibles de manera constante e incansablemente. Esto coincide con el planteamiento de Eyal (2014), que asegura que uno de los grandes trucos del marketing actual es que al apretar el botón de acción, el resultado siempre es -ligeramente- variable, cuando se trata de aplicaciones de videojuegos para teléfonos móviles. Las "mañaneras" (sus conferencias matutinas) son como el juego para el celular, siempre sale con algo nuevo, un chiste, algo increíble, a veces irreverente, a veces más serio; eso es lo que mantiene la atención de su público y de sus críticos: ¿Ahora qué va a decir? ¿Es un genio del marketing? No lo sé ¿Tú qué opinas?

Quizá la primera vez que Andrés Manuel demostró su capacidad como marketero fue en su cargo como director de Promoción y Participación en el Instituto Nacional del Consumidor. Ahí comenzó a trabajar en 1984 bajo la dirección de Clara Jusidman, por recomendación de su exjefe Ignacio Ovalle. Posicionó el programa institucional de televisión de la Defensoría del Consumidor, llamado: *"Las tecnologías del consumidor."* Era un programa que aparecía en televisión abierta en las madrugadas y enseñaba cómo elaborar productos comestibles a partir de ingredientes frescos.

Además propuso la creación de la revista, que después se conocería como *"La revista del consumidor."* Propuso centralizar las quejas en el número 5-68-87-22 y *"se le graba en la mente a todos los radioescuchas porque utiliza una canción pegajosa,"* rememora en su obra Mejía (2018: 102).

Algo que Andrés Manuel comprendió muy bien desde niño fue el observar cómo los comerciantes se adaptan a la demanda, porque sus padres lo hacían. Además, se da cuenta que la gran clave es reducir conceptos complejos y acciones desordenadas, en actos simples y sencillos de recordar, como: concentrar las quejas en un número, hacer un estribillo pegajoso y repetible para que la gente lo repita, aprenda y llame. Este aspecto creativo es algo que acompañará a Andrés Manuel en toda su carrera política.

Las capacidades humanas son vagas y fluctuantes, por eso los símbolos ayudan a recordar cualidades específicas (Lippmann en Bernays, 2010 [1923]: 170). De hecho, las personas son recordadas por signos o rasgos físicos. Por eso funciona generar dibujos, stickers, camisetas y hasta muñecos de los candidatos en una elección. Porque son metáforas físicas que nos ayudan a asociar una imagen con conceptos abstractos. Trump lo hizo muy bien, su nombre aparecía escrito por todo Nueva York mucho antes de la elección y aún ahora permanece en las calles neoyorquinas.

La imagen de Andrés Manuel en la caricatura que decía: "*Sonríe, vamos a ganar*," nació el 24 de abril de 2005 de la mano del caricaturista José Hernández, en una reunión con el exdiputado del PRD Inti Muñoz, Rafael Barajas "El Fisgón" y la publicista Bertha "Chaneca" Maldonado (Proceso: 09.07.2006). La imagen se hizo en primer lugar, para apoyar a Andrés Manuel ante el desafuero promovido en su contra en esas fechas. Posteriormente se utilizó como parte de la publicidad regalada en pegatinas (calcomanías o *stickers*) para que la gente las pegara en sus coches o viviendas durante la campaña del 2006.

Tanto en 2006 como en el 2012, esa imagen se volvió familiar para las personas, muchas de las cuáles la intentaban dibujar en sus propios carteles de apoyo y en sus bardas. Además, se convirtió en el bosquejo para que otras personas comenzaran a hacer muñecos alusivos a Andrés Manuel, sin ninguna restricción sobre los derechos de autor. En otras palabras, se volvió un diseño que se podía reproducir sin limitaciones; por el contrario, hay muchas fotos en las que aparecen los simpatizantes cargando con cariño el muñeco del Andrés Manuel miniatura. Esto es poder e influencia.

Actualmente, debes plantear toda estrategia de marketing en términos de adaptabilidad: lo más sencilla posible, dirigida a los diferentes canales de comunicación. Todo indica que el motor de exhibición en los siguientes años seguirá concentrándose en el teléfono inteligente. Por eso, si no generas contenidos o anuncios que sean "*responsive*" o adaptables a estos dispositivos, puedes considerarte derrotado ante la competencia, incluso antes de comenzar. Entre más sencillo sea tu mensaje y tu diseño, más fácil ganarás identidad en el mercado.

Que tus contenidos sean fácilmente replicados y esparcidos con una estrategia e imagen coherente, facilitará el proceso de posicionamiento, tanto en las bardas como en los teléfonos, hasta llegar a las conversaciones cotidianas de la gente. Todos los contenidos que generes para tu campaña deben ser "accesibles," "compartibles" y "copiables." Deben ser fáciles de encontrar online y deben ser prácticos para compartir, que tu familia y vecinos puedan explicarlo con pocas palabras (Kotler, Kartajaya y Setiawan, 2017: 85).

Pegatina para automóvil "Sonríe vamos a ganar" de 2006

Fuente: Propaganda repartida durante el 2006

Entre más complicado sea el concepto de tu producto o servicio, se necesitará un mayor esfuerzo para explicar de manera fácil en qué consiste. Para esto, lo más adecuado es hacerlo a través de infografías, como las que se pueden crear *online* con *Pictoline*. Así puedes explicar paso a paso o con detalles en qué consiste tu oferta, utilizando dibujos y emoticonos que traduzcan sencillamente de qué se trata. "*El cerebro ama los gráficos, ama lo visual*" (Klaric, 2017: 173).

Tu concepto, *slogan* o idea central y su representación gráfica-simbólica tiene que ser además de sencilla, distinta a la competencia. En muchos casos, funciona que represente valores diferentes a las demás ofertas del entorno de marketing. Incluso, muchas veces funciona que representen lo opuesto, como el caso de *Pepsi* con su campaña de la generación siguiente (*generation next*), frente al apego de *Coca-Cola* por apelar a lo clásico, a lo de siempre (Ries y Trout, 1994).

Este ejemplo fue retomado precisamente por Andrés Manuel de manera reiterativa durante su campaña en 2018. Por ejemplo, en uno de sus mítines en Veracruz señaló: *"Va a ser un cambio de raíz, un cambio radical, porque eso es lo que se necesita"* (Web oficial lopezobrador.org.mx, 2018). De tal forma que reforzaba la idea de que él representaba un cambio, frente a su competencia que representaban la continuidad.

Sé repetible, reproducible, multiplicable. No quieras demandar a todo el mundo que te imite. Olvida imaginar que generarás un producto tan bueno que cuando alguien más lo copie, entonces lo podrás llevar a tribunales y lo demandarás por 10 millones. Mejor, agradece que la competencia lo copie y te genere marketing gratis.

Ogilvy decía que si tienes buenos encabezados, entonces has invertido bien el 80% de tu dinero (Stone, 2018: 95); esta es una lección que retoma Holiday (2017 [2012]: 103 a 112), quien dice: *"todo se trata del encabezado,"* si es llamativo el contenido se compartirá, si no morirá. Es tan importante tener un buen concepto, como tener un mensaje gráfico contundente; muchas veces no habrá encabezados, sino tu logotipo estampado o una imagen provocativa.

¿Por qué es tan importante crear imágenes sobre lo que significa tu producto o servicio? La imagen es percepción. Estas percepciones entran en un 83% a través de la vista. De todo lo que registra nuestra mente, el 85% se genera a través de asociación de sentimientos y solamente el 15% proviene del pensamiento (Baena, 1998: 110).

Cuando se utilizan imágenes simbólicas de manera atinada, se acortan los procesos mentales de interpretación y asociación. Una marca con buenos enlaces simbólicos, termina por convertirse en un signo, el cual debe ser simple, rotundo, diferenciado y memorable (Baena, 1998: 154).

La imagen que se desea proyectar, puede ser perfectamente manipulada. El producto o el candidato se va adaptando a algún referente externo o del pasado. El manejo de la imagen de una marca depende de la personalidad deseada, de lo que se busca proyectar.

Curiosamente las masas no buscan expresarse u obtener resultados concretos, más bien son abiertas a *"fraguar símbolos que restituyen el equilibrio simbólico de toda la sociedad (...) Si se perturban los símbolos, se perturba a la sociedad"* (Beana, 1998: 70).

Los símbolos son más venerados entre más añejos y memorables sean, es decir cuando diferentes valores positivos reflejan los anhelos de nuestros antepasados (Baena, 1998: 71)

Cuando incrustas símbolos sencillos de entender, las personas pueden comprender fácilmente lo que quieres decir. Los mejores son los que tienen una asociación con la niñez, cuando la mayoría de las personas son felices. En el caso de Andrés Manuel, usó el águila juarista, presente en todos los textos de primaria en México. Juárez como un héroe nacional admirable, porque a pesar de sus limitaciones salió adelante. En esa imagen, su mensaje es claro: él es Juárez.

Tu símbolo, tu imagen, tu slogan es parte fundamental de tu marca. Una vez que tu producto o servicio es asociado con un concepto, comenzará a explotar su potencial como marca.

Además Andrés Manuel confirma una lección del marketing moderno que puede ser analizado en *"The Luxury Alchemist"* de Ketty Pucci-Sisti Maisonrouge (2013), es más importante crear una marca que el negocio en sí. Para sus detractores, Andrés Manuel demostró que la marca es más importante que la organización que lo impulsa. Por ejemplo, en su momento el PRD, partido por el cual contendió en 2006 y 2012, en 2018 sólo obtuvo un 2.8% en la elección presidencial.

Mientras que una organización cualquiera se construye de jerarquías, metas, flujos y procesos. Una marca tiene mejor definida su visión y misión, es mucho más identificable. ¿Una organización puede ser una marca? Sí, en definitiva. Sin embargo, no todas las organizaciones entienden que para convertirse en instituciones, es decir, organizaciones desarrolladas, también deben de convertirse en una marca.

Una marca entiende que debe llevar de la mano al cliente. Debe explicar constantemente por qué es racional su elección, cuáles son los diferenciadores que la hacen superior a la competencia. De eso se encargó perfectamente Andrés Manuel, repitiendo en cada foro los diferenciadores entre él y sus contrincantes.

Muñecos y taza de Andrés Manuel 2018

Fuente: Recopilación de imágenes del portal politico.mx (2019)

"(E)l publicista hace el producto y la gente hace la marca" (Baena, 1998: 127) Cuando los productos propician relaciones con los clientes, también se generan percepciones y nacen sentimientos, de eso se trata la construcción de una marca.

Pero mucho ojo, porque la creación de una marca, no es sinónimo de organización. A Andrés Manuel, le está costando trabajo administrar la presidencia, a pesar de que su trabajo comunicativo con las personas sea muy bueno, es algo que no se debe solapar. En términos prácticos si tienes un negocio, también debes pensar en sistemas, en jerarquías, en el personal adecuado, diseñar manuales de operación y procedimientos, porque eso le dará soporte a la marca con el tiempo. Una buena percepción y resultados reales generan el valor de la marca.

Hay que cuidar y expandir la marca, si no, tu negocio no tendrá identidad.

Andrés Manuel, creó su propia identidad, transformó y adaptó sus nichos de mercado. Los preparó para que aceptaran su marca en el momento decisivo. Tomó el camino más largo, el que implica educar a su mercado meta. Ese camino, no da resultados en una simple campaña de cuatro meses, a él le costó al menos 12 años en obtener el resultado que tanto anheló: La presidencia.

Conclusión

El gran acierto del fenómeno Andrés Manuel, no reside en una persona, sino en el trabajo de un equipo por posicionar una marca, de manera estratégica y sumamente consistente con la imagen que se planteó proyectar. El propósito de este manual ha sido mostrar cuáles fueron las 10 claves más visibles para comprender el éxito de su proyecto de promoción y consumo.

El marketing en general se ha comenzado a instrumentar en diferentes nichos, pero es incuestionable que hay elementos coincidentes en cualquier campaña. Como señalan diferentes autores, el marketing político es una derivación de la mercadotecnia como disciplina general; y gran parte de su ejecución proviene de las enseñanzas militares trasladadas a las ciencias administrativas.

La campaña de Andrés Manuel hacia el 2018 y ya como presidente, demuestran que gran parte de la percepción de las personas depende de la consistencia comunicativa de una estrategia. ¿Podemos considerar que el ejercicio presidencial de Andrés Manuel ha sido bueno? Eso es tema de otro análisis. Aquí lo que pudimos definir fue que, como en una campaña militar, el grupo encargado de la ejecución comprendió que se requería hacer un ejercicio disciplinado, pero a su vez, adaptable a las decisiones del personaje central.

Andrés Manuel, sin duda aprendió de los errores del pasado. Supo que su trabajo activista y sus derrotas tenían un gran valor: visibilidad, es decir, su nombre y cara eran los más conocidos, en comparación a sus adversarios. Fue el primero en la carrera. Otro aspecto, es que al haber sufrido las derrotas anteriores, su equipo ya sabía que la segunda regla es persistir.

Aún así, todo el esfuerzo previo requería de la generación de una estrategia sólida. Recordemos que en las campañas del 2006 y 2012, una de las fallas que perjudicó los esfuerzos, fue la rotación de los directores del concepto de campaña, en 2018 eso se evitó. Se tuvo un criterio sólido desde el inicio hasta el final. Algo que ayudó mucho a la imagen del candidato, fue la narrativa de su campaña, donde se enfatizaba la idea de que cada vez se estaba sumando más gente alrededor del proyecto.

La historia del activista, del hombre sencillo, de la indignación de un pueblo por los agravios del pasado, tuvieron efecto en una buena parte de la población. Este sector que adoptó a la marca (y sus derivados, por ejemplo, otros políticos de menor visibilidad y trayectoria) como estandarte de un reclamo sentido, la defendió con lealtad y compromiso.

Era un movimiento que cada vez se veía más y más grande, pero que en su interior funcionó sin atavíos en su ejecución, la estrategia era tan clara que todos hicieron un esfuerzo individual pero que mostraba un eje discursivo y conceptual consistente.

Por su parte, el candidato hizo su parte. Al llegar a los debates ya había ganado, por eso, los debates representaban más de una amenaza, ante la estrategia de sus contrincantes más poderosos. Andrés Manuel se escabulló, peleó cuando debía defenderse y se mofó de sus adversarios. Eligió correctamente sus peleas y dejó en un terreno estéril la crítica que se pudo haber generado.

Conforme se acercaba el día de la elección, el mensaje viró hacia un objetivo: "toma tu voto" y presentante el día de la elección. Ganó contundentemente. Una parte primordial en una estrategia, radica en delegar y repartir los recursos, pero también las responsabilidades. Cada parte en la campaña sabía lo que tenía qué hacer.

Finalmente, la percepción de la gente se va a expandir o quedará aislada, dependiendo de la sencillez para que la gente pueda replicar el mensaje por su cuenta. Esto incluye la propuesta gráfica y auditiva, más allá del mensaje. ¿Se entiende el mensaje? ¿La gente lo puede explicar por su cuenta? A esto se refiere la amplificación del mensaje.

Andrés Manuel, la marca más importante en México en 2018, se abrió paso frente a todos su rivales políticos, le ganó terreno a los grandes inversores y gurús de la publicidad. Se posicionó mejor que las marcas de suavizantes, mayonesa, automóviles. Logró que la gente, en una conversación cotidiana y natural, hablara de él. Eso es posicionarse, eso es ganar con anticipación.

Si eres perseverante con estos pasos, podrás posicionar perfectamente bien tu marca.

Bibliografía

1.   Aaker, DA. (1994 [1991]). Gestión del valor de la marca. Díaz de Santos. España.
2.   Amabile, T., y Kramer, S. (2011). The Progress Principle. Harvard Business Review. EEUU.
3.   Baena, G. (1997). Credibilidad política y marketing mix. McGraw Hill. México.
4.   Bai, M. (2004). The multilevel marketing of the president. New York Times Magazine, 25.04.2004. EEUU. Internet, 21.10.2018: https://www.nytimes.com/2004/04/25/magazine/the-multilevel-marketing-of-the-president.html
5.   Barletta, M. (2004). Marketing dirigido a mujeres. Deusto. España.
6.   Bernays, E. (2005 [1928]). Propaganda. IG Publishing. EEUU.
7.   Bernays, E. (2011 [1923]). Crystallizing Public Opinion. IG Publishing. EEUU.
8.   Carnegie, D. (1979 [1937]). Cómo hablar bien en público e influenciar en los hombres de negocios. Círculo de lectores. Colombia.
9.   Carnegie, D. (2016 [1936]). Cómo ganar amigos e influir sobre las personas. Debolsillo. México.
10.   Carville, J., y Begala, P. (2002). Buck up, Suck up... And Come Back When You Foul up. Simon & Schuster. EEUU.
11.   Catmull, E. (2016 [2014]). Creatividad, SA. Conecta, Penguin Random House. México
12.   Cialdini, R. (2007 [1984]). Influence. The Psychology of persuasion. Harper. EEUU.
13.   Dawson, R. (2001 [1999]). El arte de la negociación. Selector. México.
14.   DeMarco, MJ. (2010 [2018]). The Millionaire Fastlane. Viperion Publishing. EEUU.
15.   Duhigg, C. (2012). The Power of Habit. Random House Books. Reino Unido.

16.   Dvoskin, R. (2004). Fundamentos de marketing. Granica. Argentina.

17.   Eyal, N. (2014). Hooked. How to Build Habit-Forming Products. Portfolio Penguin. Reino Unido.

18.   Fernández, JD., y Labarta, F. (2009). Cómo crear una marca. Manual de uso y gestión. Almuzara. España.

19.   Festinger, L. (1957). A Theory of Cognitive Dissonance. Stanford University Press. EEUU.

20.   Fraile, G., Curat, C., y Giacani, N. (2010). Fashion management. IAE Press. Argentina.

21.   Gramsci, A. (1971 [1949]) Hoare, Q., y Nowell Smith, G., eds. Selections from the prison notebooks. Lawrence and Wishart. Reino Unido.

22.   Greene, R y Elffers, J. (2010 [1998]). Las 48 leyes del poder. Atlántida. México.

23.   Herold, C. (2011). Double Double. Greenleaf Book Group Press. EEUU.

24.   Herrera, H. (2016 [2004]). No me vendas ¡Ayúdame a comprar! Selector. México.

25.   Holiday, R. (2017 [2012]). Trust me I'm lying. Portfolio Penguin. EEUU.

26.   Huntington, S. (2015 [1968]). El orden político en las sociedades de cambio. Paidós. España.

27.   Jones, W. M. (1987 [1979]). El arte de la manipulación. Grupo Editorial Sayrols. México.

28.   Klaric, J. (2017) Véndele a la mente, no a la gente. Paidós. México.

29.   Kotler, P., Kartajaya, H., y Setiawan, I. (2017). Marketing 4.0. Moving From Traditional to Digital. Wiley. EEUU.

30.   Kotler, P., Keller, KL. 2006 12 ed. Dirección de marketing. Pearson-Prentice Hall. México.

31.   Kotler, P., y Armstrong, G. Marketing. (2012 [1980]). Pearson. México.

32.   Kotter, JP. 2009 [2008]. El sentido de la urgencia. Harvard Business Press - Norma. Colombia.

33.   Lasswell, H. (1963). Psicopatología y política. Paidós. Argentina.

34.   Lawson, K., y Merkel, P., eds. (1988). When parties fail: Emerging alternative organizations. Princeton University Press. EEUU.

35.   Lees-Marshment, J. Ed. (2012). Routledge Handbook of Political Marketing. Routledge. India.

36.   León, A., Camarillo, J., y Salinas, D. (2017). Las campañas políticas y gobiernos en las redes sociales. Grupo Rodrigo Porrúa Ediciones. México.

37.   Maarek, PJ. (2012 [2007]). Marketing político y comunicación. Paidós. España.

38.   Mejía, F. 2018. Cónica de la victoria. Temas de hoy (Planeta). México.

39.   McCreadie, K. (2009). Marketing de bajo presupuesto. LID. España.

40.   Meneses, M. (2017). 7 estrategias de internet marketing. Edición propia en Amazon. EEUU.

41.   Offe, C. (1984). Contradictions of the Welfare State. Ed. John Kane. Cambridge: MIT Press. EUU.

42.   Pucci-Sisti Maisonrouge, K. (2013). The Luxury Alchemist. Assouline. EEUU.

43.   Ries, A., y Trout J. (1993). The 22 Immutable Laws of Marketing. Harper Business. EEUU.

44.   Slutsky, J y Slutsky M. (1989 [1992]). Marketing con ingenio. McGraw Hill. México.

45.   Stone, R. (2017). The Making of the President 2016. How Donald Trump Orchestrated a Revolution. Skyhorse Publishing. EEUU.

46.   Stone, R. (2018). Stone's Rules. How to Win at Politics, Business, and Style. Skyhorse Publishing. EEUU.

47.   Sun Tzu. (2000 [Siglo V a.C. apróx]). El arte de la guerra. Tomo. México.

48.   Thompson, JB. (2001 [2000]). El escándalo político. Poder y visibilidad en la era de los medios de comunicación. Paidós. España.

49.   Treviño, R. (2004). Publicidad. Comunicación integral en marketing. McGraw Hill. México.

50.   Young, M. (2017). Ogilvy on Advertising in the Digital Age. Bloomsbury - Ogilvy & Mather. China.

51.   Dupont, L. (2011 [2004]). 1001 trucos publicitarios. Masterclass. México.

52.   Herrera, H. (2016 [2004]). No me vendas ¡Ayúdame a comprar! Sélector. México.

53.   Russell, T., y Verrill, G. (1983 [1925]). Otto Kleppner's Publicidad. Prentice Hall. México.

54.   Watzlawick, P., Beavin Bavelas, J., y Jackson, DD. (1993 [1967]). Teoría de la comunicación humana. Herder. España.

Hemerografía y cibergrafía

1.   El Cronista: 20.02.2017: "Harry Potter cumple 20 años con un valor de marca de USD 15,000 millones." Internet: https://www.cronista.com/controlremoto/Harry-Potter-cumple-20-anos-con-un-valor-de-marca-de-us-15.000-millones-20170220-0012.html

2.   El Economista: 30.01.2018: Aguilar, R. "Conocimiento e imagen de los candidatos." Internet: https://www.eleconomista.com.mx/opinion/Conocimiento-e-imagen-de-los-candidatos-20180130-0167.html

3.   El Sol de México: 03.02.2019. Pérez Rojas, G. "La democracia sin opositores en la #4T." Internet: https://www.elsoldemexico.com.mx/analisis/la-democracia-sin-opositores-en-la-4t-3009488.html

4.   La Jornada: 18.05.04. Ramírez, B. T. "Irresponsable y arbitraria, la decisión de la PGR, expresa Batres."

5.   Letras Libres: 01.06.2012. Ramírez, C. "Andrés Manuel López Obrador: La movilización permanente." Internet: https://www.letraslibres.com/mexico/politica/andres-manuel-lopez-obrador-la-movilizacion-permanente

6.   López Obrador (web oficial): 07.01.2018: "Va a ser un cambio de raíz, un cambio radical, porque eso es lo que se necesita" (Acutzingo, Veracruz). Internet: https://lopezobrador.org.mx/temas/plan-de-austeridad/

7.   Político.mx: 12.04.2019. Ávila, S. "Metamorfosis del pejeluche: evolución de 2006 a Cuarta Transformación." Internet: https://politico.mx/minuta-politica/minuta-politica-gobierno-federal/metamorfosis-del-pejeluche-evoluci%C3%B3n-de-2006-cuarta-transformaci%C3%B3n/single/

8.   Proceso: 12.02.1996. Portada: "López Obrador: Descalabrado."

9.   Proceso: 09.07.2006. "El 'amlito' de Hernández…".
Internet: https://www.proceso.com.mx/96224/el-amlito-de-hernandez
10.   Retina: 19.05.2017. Nadal, V. "Cómo potenciar la resilencia   en   tu   empresa."   Internet: https://retina.elpais.com/retina/2017/05/16/talento/14949448 11_540818.html

Colofón

Este es un manual para todo tipo de emprendedor, propietarios de negocios de tamaño medio y pequeño, así como para *freelancers* que comienzan a ofrecer sus servicios; y por supuesto, para consultores o profesionales de la política.

La gran lección que nos ha dejado Andrés Manuel en el 2018, no tiene que ver con su capacidad para dirigir un gobierno, sino con su capacidad para convertirse en una marca contagiosa y poderosa.

Aquí se develan las 10 claves que lo llevaron a posicionarse como la mejor oferta electoral hacia la elección presidencial del 2018, al grado de que su triunfo superó sus propias expectativas, arrasando a la competencia y sometiendo a sus adversarios.

No es la bonita biografía del luchador social tabasqueño, se trata de la pericia y puesta en práctica de una estrategia de marketing bien estructurada. Mismas claves que han usado los creadores y directivos de grandes marcas como *Hermès*, *Pepsi*, *Mercedes Benz*, *Apple*, etc.

Gus Pérez - @drgustavoadolfo